# ÉPISODES

### DE LA

# [G]ERRE DE 1870-1871

## LE PILLAGE ET L'INCENDIE

### DE

# [F]ONTENOY

PAR

## L'Abbé BRIEL

CURÉ DE GONDREVILLE ET DE FONTENOY

## SECONDE ÉDITION

SUIVIE DU RÉCIT DE L'INVASION ALLEMANDE

A

# CHARMES-SUR-MOSELLE

PAR

# J. RENAULD

ANCIEN JUGE DE PAIX DU CANTON DE CHARMES

# NANCY

IMPRIMERIE DE G. CRÉPIN-LEBLOND

GRANDE-RUE VILLE-VIEILLE, 14

# 1875

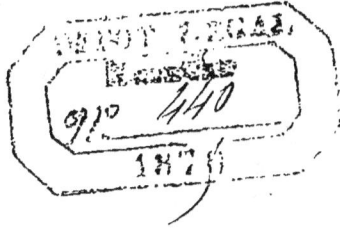

# FONTENOY

---

## L'INCENDIE & LA RESTAURATION

---

# FONTENOY

~~~❦~~~

## L'INCENDIE

ET

## LA RESTAURATION

PAR

## L'Abbé BRIEL

CURÉ DE GONDREVILLE ET DE FONTENOY

———

### SECONDE ÉDITION

———

## NANCY

IMPRIMERIE DE G. CRÉPIN-LEBLOND

GRANDE-RUE VILLE-VIEILLE, 14

—

## 1875

On me demande une seconde édition de ce simple récit. J'ai remis un exemplaire de la première édition à chaque habitant de Fontenoy et à toutes les personnes ayant pris part à nos malheurs; aucune observation ne m'a été faite. Cette seconde édition sera donc, excepté deux noms, identique à la première.

# FONTENOY

—

## L'INCENDIE ET LA RESTAURATION

—

Après deux ans d'hésitation, je cède aux plus pressantes
instances, et je vais retracer les douloureux événements
de Fontenoy. Que de fois j'ai commencé, puis abandonné
ce triste récit; je ne me sentais point le courage de faire
revivre ces déchirantes scènes, et je déclinais volontiers
cette tâche, espérant qu'une main plus habile publierait
un compte-rendu fidèle des malheurs qui nous ont frappés.

J'ai attendu en vain. Des brochures intéressantes ont
été écrites sur Fontenoy; je les ai lues, et je n'en suis
pas pleinement satisfait, malgré leur mérite littéraire et
le patriotisme qui les a toutes inspirées. Les unes sont
incomplètes et ne touchent qu'un côté du désastre; les
autres ne sont qu'un cri d'indignation: certes ce sentiment
n'est ici que trop justifié; mais il peut conduire à des
exagérations déplorables; ce ne serait plus l'histoire dans
sa froide impartialité, ce serait une violente récrimination
contre un ennemi barbare. Je veux éviter cette pente où
le sujet entraîne si naturellement, et je saurai commander
à la vivacité de mes souvenirs. D'ailleurs les faits qui se

sont passés à Fontenoy sont assez éloquents par eux-mêmes et n'ont pas besoin d'être présentés sous des couleurs si fortes.

Un simple récit, un exposé calme, des détails vrais feront, je l'espère, mieux apprécier cette exécution jusqu'alors imparfaitement connue et, je n'en doute pas, l'indignation que je saurai contenir éclatera plus vive et mieux fondée dans l'âme de tous. On se refusera à croire certains détails, on ne pourra s'imaginer que l'armée d'un peuple se disant civilisé s'oublie à ce point : j'affirme la rigoureuse exactitude de mes paroles ; j'écris sous la déposition sévèrement examinée de mes malheureux paroissiens ; j'ai vu moi-même les Prussiens à l'œuvre ; j'ai entendu leurs menaces, leurs ordres ; je suis l'un des témoins et l'une des victimes.

Après avoir redit le pillage, l'incendie de Fontenoy, la dispersion de ses habitants, je montrerai la charité se pressant autour d'eux et venant les aider à relever leurs maisons. Cet édifiant spectacle soulagera les cœurs qu'auront attristés et révoltés les actes inouis que je vais rapporter.

Je m'occuperai peu du côté militaire de l'événement. Le pont fut détruit par les Chasseurs des Vosges, corps composé de volontaires, de mobiles et d'anciens soldats réunis au camp de Lamarche. Si l'on veut suivre leur itinéraire, on peut lire l'émouvante description que M. Rambeaux, lieutenant, a faite de cette expédition, longtemps étudiée et hautement approuvée par le Ministre de la guerre. Chacun connaît le but poursuivi. En interceptant la ligne, on voulait isoler de l'Allemagne l'armée assiégeant Paris et arrêter les troupes de Manteuffel accourant au secours de Werder.

# PREMIÈRE PARTIE

---

## INCENDIE DE FONTENOY

---

### I.

**Les Prussiens à Fontenoy avant le 22 janvier 1871.**

---

Dès le mois de septembre 1870, un détachement de cinquante Prussiens occupait Fontenoy, gardait la station et veillait sur le chemin de fer. Deux sentinelles étaient nuit et jour sur le pont où la ligne franchit la Moselle, à 800 mètres en amont du village. Ces soldats, je tiens à le constater, vivaient en bonne intelligence avec les habitants qui les logeaient et se résignaient à ce long et dur sacrifice. Selon la tradition religieuse de leur pays, les Allemands firent une fête pour honorer l'arbre de Noël et témoignèrent hautement dans cette circonstance de leur sympathie pour la population. Le 25 décembre, les soldats déposèrent solennellement à l'église cet arbre de Noël qui portait, au milieu des fleurs et des rubans dont il était orné, une inscription flatteuse pour Fontenoy. Ne voulant point froisser ces ennemis trop susceptibles, conserver sous nos yeux ce pieux trophée, je le fis transporter à la sacristie. Il s'y trouvait encore au moment de l'incendie, comme pour protester en faveur des habitants et contre le pillage et la profanation de notre église.

Au mois de janvier 1871, des bruits vagues circulaient sur un coup de main de la part de nos soldats. Ils devaient, disait-on, faire sauter un pont de Liverdun, celui de Fontenoy ou le tunnel de Foug. Les uns accueillaient cette rumeur avec empressement et enthousiasme : c'était pour eux l'aurore de nos triomphes; les autres, moins crédules, se demandaient avec raison comment nos soldats pourraient traverser deux départements gardés par l'ennemi. L'entreprise paraissait téméraire, impossible. Il ne fallait rien moins que l'audace et l'héroïsme de nos soldats pour la tenter et réussir. Alors qui pouvait croire à ce succès? Pendant le siége de Toul, on avait tant de fois annoncé l'arrivée de nos troupes, et chacune de ces attentes qui nous faisaient palpiter était suivie de la plus amère déception. Les Prussiens connaissaient eux-mêmes ce bruit, s'en amusaient, en causaient en riant avec les habitants de Fontenoy. Ni les uns ni les autres ne pensaient toucher à ce coup de main dont les conséquences ne répondirent point au généreux dessein qui l'avait fait concevoir

Dans la nuit du samedi au dimanche 22 janvier 1871, des coups de canon furent tirés à Toul entre deux heures et demie et trois heures et jetèrent l'inquiétude dans tous les environs. A ce moment 300 Chasseurs des Vosges venaient de franchir péniblement la Moselle, à Pierre, à 5 kilomètres de Toul et montaient à Villey-le-Sec par un sentier escarpé, à travers le bois. A ce signal d'alarmes, ils s'arrêtent tous, émus, troublés, se demandant avec effroi : notre projet n'est-il pas découvert? puis reprennent aussitôt leur marche d'un pas plus rapide. Honneur à leur froide intrépidité en face de ce terrible inconnu !

A Fontenoy, les Prussiens couchés chez les habitants se levèrent au bruit du canon, se rendirent à la gare : plusieurs d'entre eux furent même éveillés par les bonnes personnes qui les logeaient. Comme on ne savait pas s'ils seraient longtemps absents, on conserva des lumières dans plusieurs maisons. Rien ne paraît plus naturel, et cependant on nous en fit un crime. Aux yeux des officiers prussiens, c'était un témoignage irrécusable : les habitants attendaient les soldats Français, trempaient dans le complot et méritaient un châtiment exemplaire.

## II.

### Destruction du pont.

A cinq heures moins un quart, les Prussiens sont, les uns à la station, les autres sur la ligne; le village est dans le calme le plus complet. On entend alors dans la rue venant de la forêt, une foule qui marche avec précaution. Ce sont les Chasseurs des Vosges. Ils traversent le village en silence, se dirigent vers la gare, s'arrêtent à une certaine distance; l'obscurité est complète. Une décharge se fait entendre; puis le bruit des portes qui tombent, des vitrines qui se brisent, des cris affreux et déchirants..... Les Français se précipitent dans la gare; les Prussiens se rendent ou se sauvent à la faveur de la nuit. Un des leurs était tué; deux étaient blessés, l'un au bras, l'autre au côté; quatre furent faits prisonniers à ce moment, y compris le sergent-major, qui s'était blotti sous une table et qu'il fallut tirer de sa cachette par les bottes.

La plupart des habitants furent seulement éveillés par ces coups de fusils et se demandaient avec épouvante: Qu'arrive-t-il? Ils n'en seront pas moins accusés et rendus responsables de la mort et des blessures des soldats prussiens.

Qui le croirait, trois mois après, les officiers allemands n'étaient pas encore revenus de cette incroyable prévention, et l'un d'eux me disait avec sang-froid: « Vos paroissiens auraient dû se placer entre nos soldats et les vôtres. » — « Sans doute, lui répondis-je, pour recevoir les balles des deux côtés et servir de rempart aux ennemis de la France. »

Nos soldats parcoururent le village cherchant les Prussiens qui s'y trouveraient encore; trois retardataires qui ne s'étaient point rendus à la gare furent faits prisonniers.

Un seul homme de Fontenoy, Bruant, Christophe, fut requis par les Français pour les accompagner sur le pont. Il s'y rendit en faisant observer à quelle vengeance il serait exposé. Trois jeunes hommes allèrent aussi sur la ligne, et causaient avec les soldats qui enlevaient les rails et enroulaient les fils télégraphiques. Je note ces circonstances qui paraissent futiles mais qui réduisent à néant les fausses accusations sur lesquelles les Allemands voulurent plus tard s'appuyer pour justifier l'incendie. Les deux Prussiens blessés furent portés d'abord, l'un chez M. Maillard, l'autre chez M. Thomas; puis tous deux retournèrent dans les maisons qu'ils occupaient auparavant chez M. Cahez et chez M. Hachet. Un officier français leur fit donner les premiers soins avec la plus touchante sollicitude, et dit en se retirant: Traitez-les comme vos enfants.

Pendant ce temps, on travaillait sur le pont avec une activité fiévreuse, au milieu d'émotions que décrit admirablement M. Rambeaux. J'emprunte à sa brochure cette page saisissante:

« D'après les renseignements, on devait trouver le
» tampon de bois qui ferme l'entrée de la chambre de
» mine à 30 cent. sous le ballast. On creuse rapidement:
» à 40 centimètres, on ne trouve rien; on continue: à 60
» centimètres, rien; à 80, rien. Le découragement se
» peint sur tous les visages. Enfin, on creuse toujours,
» et soudain la pioche rebondit et rend un son mat: c'est
» le tampon de bois. On déblaie le terrain, on découvre
» la cheminée, et à l'aide d'une échelle de corde, deux
» mineurs descendent pour mettre en place les sacs de
» poudre.

» Tout à coup un train est signalé venant de Toul et
» se dirigeant sur nous à toute vapeur. Chacun saute sur
» son fusil et s'apprête à la résistance: les rails ont
» d'ailleurs été enlevés, et un déraillement à l'extrémité
» du pont est inévitable. Mais le train s'arrête à environ
» 1,000 mètres, il stationne un instant, puis rebrousse
» chemin. Ce train était rempli de troupes bavaroises
» appartenant au corps de Manteuffel. Il n'avança pas,
» parce que le disque était fermé, et les lanternes éteintes

» à la gare. Pendant cette alerte, un autre incident a
» failli avoir des conséquences terribles.

» A la nouvelle de l'approche du train, les hommes
» descendus dans la chambre à mine remontent en toute
» hâte, et, soit émotion, soit maladresse, celui qui les
» éclaire laisse tomber sa lanterne dans la cheminée, sur
» les sacs de poudre. Une explosion peut avoir lieu et
» nous ensevelir tous. L'un des mineurs, M. Tissot, voit
» le danger, et, n'écoutant que son courage, il descend
» précipitamment dans le puits et souffle la lanterne. C'est
» un beau trait de sang-froid et de dévouement. Le train
» parti, on reprend lestement l'opération; on place les
» mèches, on comble la cheminée, on rassemble les
» hommes, on met le feu, et on s'éloigne rapidement. »

De retour à Fontenoy, quelques soldats entrent un
instant chez MM. Roussel et Rottement, aubergistes; un
Français recevoir un Français dans une telle circonstance,
quelle chose abominable! leurs maisons seront brûlées
les premières. Bientôt tous les soldats sont réunis dans
la rue et s'apprêtent au départ; un officier regarde sa
montre et dit: Encore deux minutes et le pont sautera.
Au moment marqué, une explosion formidable retentit
et fait trembler la terre; deux autres détonations presque
simultanées lui succèdent. C'est le pont qui saute en
l'air. Deux arches sont complètement détruites, et la pile
est rasée au-dessous du niveau de l'eau. Le but est atteint.
Les Chasseurs des Vosges poussent un immense cri:
*Vive la France!* les habitants qui les entourent y répon-
dent, leur serrent la main en ajoutant: Vous partez, nous
sommes perdus. Les clairons sonnent, la vaillante colonne
part au pas accéléré et disparaît du côté de la forêt.

Il était sept heures moins un quart. Selon la coutume.

à cette saison, l'Angelus sonnait. Hélas! ces accents de nos cloches étaient comme le glas funèbre de Fontenoy, et devaient ajouter encore à la colère des Allemands.

---

## III.

### Retour des Prussiens à Fontenoy. — Les premiers habitants emmenés prisonniers.

L'explosion avait été entendue au loin. A Gondreville, situé à deux kilomètres, les détonations furent effrayantes, et chacun crut qu'on tirait le canon aux abords du village. Le jour commençait à paraître. On aperçut un nuage de fumée au-dessus de la Moselle, sur le pont du chemin de fer, puis les deux arches écroulées. Le doute n'était plus possible: les Français étaient venus. Cette nouvelle se répandit comme l'éclair, et l'on se porta en foule vers la rivière pour voir la brèche. La joie se manifesta par des battements de mains, peut-être par des cris; je ne les ai pas entendus; mais ils me furent plus tard reprochés avec menaces. N'était-il pas naturel cependant, d'applaudir à ce succès? Depuis si longtemps nous étions attristés par des revers continuels !

Cette joie patriotique ne dura point. A huit heures, un train venant de Toul s'arrête vers le canal: des soldats en descendent, se déploient nombreux dans la plaine, et s'approchent en tirant sur Gondreville. Ils craignent que des Francs-tireurs n'y soient cachés, ou veulent épouvanter la population. Ils entrent dans le village, parcourent les rues en tiraillant sans cesse ; plusieurs balles pénètrent dans l'intérieur des appartements. Ce tir au hasard se renouvelle de temps en temps pendant la journée. Vers trois heures, je chassais des enfants qui s'étaient imprudemment groupés à la jonction de plusieurs rues ; trois soldats tirent à ce moment, et je vois, à quelques mètres, leurs balles labourer le mur de la maison Détré. Je me retire dans un corridor, et, quand ces Prussiens passent, je m'approche, et je les conjure de ne tirer qu'avec précaution pour éviter tout malheur ; l'un me regarde avec colère, les autres me frappent sur l'épaule en signe d'assentiment.

A Fontenoy s'ouvrait le premier acte de la vengeance. Vers sept heures et demie, un train venant de Nancy dépose auprès du moulin de nombreux soldats ; tous sont dans un état d'exaspération difficile à décrire. Des habitants d'Aingeray venus sur une éminence voisine, regardaient le pont en simples curieux, ne se doutant de rien. Ils sont cernés, maltraités et faits prisonniers. Le jeune Camille Demange, du moulin, est arrêté, menacé. M. Caré, de Foug, arrivé la veille pour travailler à la filature de M. Mercier, est pris, violemment entraîné et passera quatorze jours en prison.

Les Prussiens se déploient ensuite en tirailleurs autour de Fontenoy, s'avançant peu à peu, avec les plus minutieuses précautions ; d'autres soldats, sortant de Gondreville les appuient. Hélas ! on ne songeait guère à se défendre : chacun tremblait à leur arrivée. Ces braves entrent dans le village comme des furieux, en proférant les menaces les plus terribles. Un officier crie dans la rue : Dans un quart d'heure, vous serez tous brûlés. La maison du maire est entourée, et M. Bruant a l'honneur d'être le premier prisonnier (1). Il est conduit à la gare, et des soldats, mettant leurs baïonnettes sur sa poitrine, lui répètent à chaque instant: Tu seras fusillé.

Sur ces entrefaites, un jeune étranger arrive à Fontenoy et demande imprudemment: où sont les Français? Les Prussiens s'en emparent aussitôt. Ses souliers étaient couverts de boue; il avait une giberne sous sa blouse. A ces signes, les Allemands n'en doutent plus: c'est un égaré de la colonne expéditionnaire. Ils l'entraînent, le frappent avec acharnement. En vain, ce malheureux les supplie de l'épargner, affirmant qu'il est voyageur; la colère des soldats s'enflamme de plus en plus, et l'un d'eux tire sur lui presque à bout portant et sous les yeux des officiers. Le jeune homme s'affaisse, il avait une jambe brisée. On le porte à la gare, où d'autres soldats le piquent avec leurs baïonnettes; il jetait des cris affreux.

M. Bruant, maire, fut témoin de ce supplice, et d'autres personnes en suivirent avec effroi les cruelles phases: c'était la préface du châtiment.

Ce malheureux ne serait pas Léonard-Christophe Debare, d'Art-sur-Meurthe, comme portait à le croire le registre de l'hospice Saint-Charles, mais Jean Contat, fils de Claude Contat, verrier à Dingly-Saint-Clair (Haute-Savoie). Ce jeune voyageur ne faisait point partie de l'armée. Les Prussiens le transportèrent à l'ambulance des Tabacs à Nancy; l'amputation de la jambe fut jugée nécessaire; une hémorragie survint après l'opération, et le patient mourut le 28 janvier.

M. le chanoine Guillaume le visita sur son lit de douleurs, lui administra les derniers sacrements, écrivit

(1) M. Bruant, maire, a été nommé chevalier de la Légion d'honneur.

à sa famille et recueillit ces renseignements qu'il a bien
voulu me communiquer; il n'eut pas la consolation de
l'accompagner au cimetière, tant l'enterrement fut préci-
pité: les Allemands avaient hâte de faire disparaître
cette victime de leur aveugle colère.

Les Prussiens fouillent partout, les maisons, les greniers, l'église, le clocher et ne découvrent aucun soldat
français. Ils sont témoins des soins généreux que l'on
prodigue à leurs frères d'armes; leur cœur n'en est pas
touché; chose inexplicable, ils séviront avec plus d'ani-
mosité contre les familles qui ont recueilli les deux
blessés. Le plus gravement atteint des deux avait été
porté dans la maison de M. Maillard; les soldats s'y précipitent; y voient-ils des taches de sang? je l'ignore, mais, dans
leur fureur, ils saisissent M. Maillard, l'accablent de coups
et l'auraient étranglé, si l'on n'avait mis fin à cette
première luttte. Echappé des mains de ces forcenés, ce
père de famille veut fuir à travers son jardin. Six Allemands lui présentent leurs baïonnettes et le repoussent
dans l'intérieur; il tente de sortir par la porte donnant
sur la rue, un officier lui place son révolver sur le cœur
en lui disant: Brûle dans ta maison.

M. Cahez avait changé le linge ensanglanté d'un soldat
blessé. Par malheur, il restait sur le plancher une tache
de sang. Les Prussiens l'aperçoivent, et, transportés de
colère, ils arrachent une partie des vêtements de M^me Cahez,
et quand cette femme voulut plus tard s'échapper avec
son enfant, une pluie de balles tombait par la fenêtre
dans l'appartement. La santé très-délicate de cette pauvre
mère fut ébranlée par ces secousses, et quelques mois
après, elle succombait laissant un jeune orphelin.

Le soldat soigné dans cette famille guérit de sa blessure
et rencontra plus tard M. Cahez dans les rues de **Nancy**;

il lui prit les mains avec reconnaissance, et, en apprenant les odieux traitements dont ses bienfaiteurs avaient été victimes, il se mit à pleurer. Ces larmes condamnent mieux que nos paroles la conduite des Prussiens à Fontenoy.

L'arrestation de chaque prisonnier était marquée par de nouvelles avanies: M. Mouilleron, facteur à la gare, M. Hachet, François, et M. Rousselot, père, furent traités et frappés indignement. La rage de ces Allemands se surpassa dans une scène hideuse: Emile Brice n'avait que 17 ans; les soldats le prennent, le poussent dans la rue, le renversent sur le sol; les uns le frappent avec la crosse du fusil pendant que les autres, pour l'empêcher de se mouvoir, lui tiennent sur la poitrine la pointe de leurs baïonnettes. M. Maillard, grand-père d'Emile, s'approche en pleurant, prend la tunique de l'officier, le conjure de faire cesser un traitement aussi cruel. L'officier le repousse avec indignation; pauvre vieillard, dans quelques instants, on vous punira même de cette prière: vous l'expierez par votre mort.

Ces prisonniers étaient conduits dans les wagons. Mme Brice avec Maria sa fille, Adeline Bruant, sa nièce, se dirigent vers le train pour offrir quelques secours à son fils. Mme Mouilleron et Mme Hachet les suivent, portant un peu d'argent à leurs maris, toutes sont arrêtées et brutalement poussées dans les wagons, au milieu des injures et des menaces. Rien ne devait être respecté dans ce triste jour.

A ce moment, M. Maillard s'approche du chemin de fer pour donner des vêtements à ses petits-enfants. Brisé par les ans et les infirmités, ce vieillard ne pouvait plus marcher qu'à l'aide de deux bâtons. Les soldats le recon-

naissent sans doute, ou l'officier cité plus haut donne l'ordre : il était présent. On tire sur ce vieillard ; la balle lui traverse le bras et pénètre dans le ventre. M. Maillard s'affaisse : les officiers accourent avec un air satisfait. Ne fallait-il pas applaudir à cet exploit ?

M. Mayeur, instituteur, prend dans ses bras le pauvre blessé et le rapporte dans sa maison.

M. l'abbé Antoine, vicaire de Gondreville, était à Fontenoy pour chanter la Messe. Il visite ce bon vieillard et l'encourage dans ses souffrances. A peine est-il sorti que les Prussiens arrivent dans cette maison déjà tant éprouvée, arrachent un volet de l'armoire, s'en servent comme d'un brancard, portent le blessé dans le train, et l'emmènent le soir à Nancy. Il y mourut le 26 dans des douleurs atroces,

Une croix s'élève à l'endroit où il fut blessé, et vous y pouvez lire cette inscription :

ICI TOMBA FRAPPÉ D'UNE BALLE PRUSSIENNE
JEAN-BAPTISTE MAILLARD
AGÉ DE 74 ANS
LE 22 JANVIER 1871.

Au nom de l'humanité, je voudrais pouvoir m'arrêter dans ce lamentable récit, mais on ne saurait pas jusqu'où les Prussiens ont poussé le délire de leur aveugle vengeance ; je redirai donc tous les actes de cruauté dont ils se sont rendus coupables.

M. Moriot, père de M. le Maire actuel, fut arrêté dans sa cour, entraîné dans la rue. Il fait avec calme une observation. L'officier ne se possède plus, prend un fusil des mains d'un soldat, le lève pour en frapper M. Moriot, qui est assez habile pour esquiver le coup. Le fusil va toucher le sol et se brise en morceaux. La fureur de l'officier n'a plus de bornes, et tous les débris du fusil tombent sur le dos de la victime. On le remarquera souvent, les officiers étaient plus impitoyables que les soldats. MM. Thomas, André, Toussaint, Nicolas, furent arrêtés en même temps, et ne furent pas mieux traités. La fille de ce dernier apporte 20 francs à son père. Un Prussien le remarque et s'empare de cet argent. M. Toussaint ose réclamer et reçoit un coup qui lui fait sortir trois dents de la bouche.

Les Prussiens étaient tellement excités qu'ils ne savaient plus épargner personne. Deux hommes de Velaine, MM. Louis et Christophe traversaient Fontenoy avec leurs voitures, allant chercher du vin dans les côtes de Toul. — Un officier leur demande: D'où êtes-vous? — De Velaine, répondent-ils sans rien soupçonner. — De ce village qui touche à la forêt? — Oui, monsieur. — Il les fait aussitôt conduire à la gare. L'un d'eux lui dit avec convenance: Je suis étranger, je n'ai rien vu. Il est frappé si violemment au visage que le sang jaillit.

Un fait encore qui prouvera comment les Allemands émus par la passion ne savaient plus rien discerner:

Hyppolyte Meaucorps, misérable idiot, alors à Velaine, maintenant à Gondreville, s'en allait par les villages mendiant son pain. Ce dimanche, il arrive par hasard à Fontenoy pour faire sa tournée habituelle. Il est pris, battu par les soldats, et conduit avec les autres prisonniers. J'en appelle à toute la contrée qui le nourrit, a-t-il rien sous ses haillons et dans son extérieur qui puisse laisser soupçonner un franc-tireur, même habilement déguisé? Ce pauvre idiot ne comprenait rien à ce qui se

passait, à ce qu'on lui demandait; il excitait par là chez
les soldats une irritation plus vive. Ils le frappaient avec
barbarie, et un officier lui donna sur la tête un coup de
plat de sabre si vigoureux, que ce malheureux fut renversé
à terre, On ne cessa de le battre qu'à la porte de la prison
où cet innocent souffrit plusieurs jours comme coupable
envers l'armée allemande.

Vous vous indignez, lecteur, vous vous demandez : A
quelle époque on fut plus froidement et plus lâchement
cruel ? Voici qui vous fera mieux apprécier encore nos
généreux vainqueurs :

Ces prisonniers étaient dans les wagons et s'attendaient
à partir pour Nancy. Vers neuf heures et demie, on les
fait descendre et on les ramène devant la gare. Dans ce
court trajet, un soldat porte dans le dos d'Adeline Bruant
un coup si brutal que cette jeune fille va tomber sur des
bois à quelque distance. On place ces malheureux sur une
seule ligne; les officiers se retirent à quelques mètres :
deux cents Prussiens viennent se ranger en face, arment
leurs fusils et s'apprêtent à tirer. Qui ne se représente
cette scène de désolation? Tous croient toucher à la mort,
tant de fois on leur a dit: « Vous serez fusillés! » Les
enfants se jettent au cou de leurs parents; on n'entend
que des cris et des prières. Pendant vingt minutes, on
les tient dans ces déchirantes angoisses. Il y avait là des
vieillards, des mères de famille, des jeunes filles! Officiers et soldats jouissent de ce spectacle: ô nobles cœurs!
et nous sommes dans un siècle fier de sa civilisation, et
c'est là, me dites-vous, le peuple le plus instruit du
monde.

Après cette longue agonie, un chef donne l'ordre du
départ pour Toul. Malheur à celui qui ne marche pas

ssez vite, malheur à ceux qui témoignent, sur le chemin, le l'intérêt à ces infortunés. On frappe sans pitié. De Fontenoy à Toul, M. Hachet fut renversé six fois par les coups dont on l'accablait. Il arriva comme anéanti dans la prison, et quelques jours après, on fut obligé de le renvoyer. Dans les rues de la ville, le jeune Muller de Fontenoy veut s'approcher de ses concitoyens: deux Prussiens le prennent et le jettent sur le pavé.

C'est à peine si l'on put protéger les prisonniers contre la fureur des soldats de Toul. Ils furent présentés au commandant qui leur dit: Vous serez jugés, et si vous êtes coupables, vous serez tous mis à mort. M. Bruant, maire, fut conduit à la prison militaire; les autres captifs furent entassés dans la sellerie d'une caserne; les femmes furent mises en liberté.

En sortant de Toul, elles virent l'incendie de Fontenoy; l'une d'elles avait laissé le matin son enfant seule à la maison; elle apprit que la maison était en feu. Qu'était devenue sa petite fille? Excitées par ces déchirantes inquiétudes, elles essayèrent mais inutilement, d'atteindre le village; les Prussiens, le fusil chargé veillaient autour du vaste foyer. Ces pauvres femmes revinrent en larmes à Gondreville, et passèrent dans mon presbytère cette nuit affreuse.

Les hommes destinés à la prison de Nancy ne furent pas plus ménagés. M. Brice, dont le beau-père fut blessé, dont le fils avait tant souffert, entra avec les menottes comme un criminel à Nancy.

M. Mayeur, instituteur, avait été arrêté, puis relâché vers huit heures. Il fut repris au moment du pillage. Les soldats voulaient qu'il leur livrât l'argent de la commune: de là leur acharnement contre lui. Ils lui lièrent les

mains derrière le dos d'une manière si étroite , qu'elles
se gonflèrent et prirent une teinte bleuâtre. M. Mayeur
fut plusieurs jours sans retrouver le mouvement de ses
doigts. C'était trop peu: les soldats l'insultaient , et l'un
d'eux, mieux inspiré, lui frotta la figure avec du lard.
Quel odieux raffinement!

En lisant ces pages, on sera peut-être tenté de suspecter
la fidélité de ces détails. Hélas! je voudrais pouvoir en
douter moi-même, mais chacun de ces faits serait attesté
par une foule de témoins. Comment donc les Allemands
étaient arrivés à ces excès de cruelle vengeance? Je dois
le dire, ils étaient surexcités par les mensonges et les
exagérations de leurs officiers qui les trompaient pour
les rendre implacables. Ils leur répétaient: « On vient de
» trouver dans les bois, pendus et horriblement mutilés,
» deux de nos soldats faits prisonniers. » C'était une
infâme calomnie: les sept soldats emmenés revinrent à
Toul et le publièrent; ils n'avaient eu qu'à se louer des
chasseurs des Vosges. Les officiers disaient encore: « Les
» Français ont coupé la langue, le nez, les oreilles de
» notre soldat tué. » Quelle est la valeur de cette dernière
imputation? Dans la matinée du dimanche, on obligea
M. Bruant, maire, et M. Rousselot à creuser une fosse,
à y déposer eux-mêmes le cadavre. En le portant, la tête
pencha, la bouche s'ouvrit, la langue était intacte; le nez
n'était pas touché; on ne remarqua rien aux oreilles. Ce
Prussien portait, il est vrai, la barbe et les cheveux très-
longs. Je veux être impartial jusque dans les plus petits
détails. Un de nos soldats, au retour, se vanta dans un
village d'avoir l'extrémité d'une oreille. J'aime à croire
que c'était une pure fanfaronnade. En revenant du pont,
il avait dit en passant à côté du cadavre: « Je vais couper
» le bout d'une oreille »; un sergent, se retournan

indigné, lui répond: « Je vous défends absolument de
» toucher à cet homme; il est mort, respectons-le » : je
m'en tiens à ce noble langage si digne d'un cœur français.

---

# IV.

## Le pillage.

Le nombre des Prussiens augmentait sens cesse à Fontenoy. Il fallait ce semble, une armée pour détruire ce
hameau: les rues, les jardins étaient couverts de casques
à pointe, et avec le chiffre grandissaient la colère et
l'agitation. M. l'abbé Antoine, venu pour dire la messe,
ne le put à cause de ce tumulte. A son entrée au village,
il avait été menacé par quatre soldats qui, pour s'expliquer,
le conduisirent chez M. Lamy, originaire de l'Alsace. Là,
l'un de ces Prussiens disait: Fusillons-les tous deux, ils
ne valent pas mieux l'un que l'autre. Un sergent intervint
et fit cesser ces propos. Un habitant conseilla bientôt à
M. l'abbé de se retirer; il avait entendu des officiers
parlant de l'arrêter et ajoutant: Si c'était le curé, nous
ne le ménagerions pas. Je ne connus que plus tard ces
bienveillantes dispositions à mon égard.

M. Simorre, chef de gare, venait de partir encore pour
la prison de Toul avec M. Thomas André et M. Bruant
Joseph qui fut battu pendant tout le trajet. Ces arrestations ne satisfaisaient point les soldats, qui paraissaient
attendre avec une certaine impatience de nouveaux
ordres.

Vers une heure, des cris de joie éclatent, les soldats se précipitent dans les maisons; l'ordre désiré vient d'arriver: Fontenoy est condamné au pillage. Courez, malheureux et rapaces Allemands; la menace sur les lèvres, entrez dans ces maisons qui, depuis quatre mois, étaient pour vous si hospitalières; dépouillez du peu que vous leur avez laissé, ces pauvres habitants dont, un mois auparavant, vous faisiez l'éloge. Ce second acte devrait être plutôt appelé dévastation, vandalisme, car les pillards étaient plus acharnés à briser qu'empressés à emporter; les meubles renfermaient peu d'objets précieux, mais tous étaient mis en morceaux.

Il y eut razzia complète sur tout ce qui pouvait flatter le large appétit de nos vainqueurs. Les soldats sautaient de joie dans les rues, portant au bout de leurs baïonnettes, qui un poulet, qui un lapin, qui un jambon. D'autres envahissaient les caves et, pour boire plus à l'aise, montaient les tonneaux et les roulaient dans la rue. Ces exploits étaient salués par des applaudissements frénétiques. L'argent excitait surtout la convoitise; ils le réclamaient avec insistance. A la campagne, on garde rarement une somme considérable, et nos habitants avaient presque tous enfoui leurs modestes trésors: de là déceptions, colère, menaces, violences. Les maisons de belle apparence attiraient les pillards. M. Forthomme de Nancy avait une maison de campagne inhabitée à ce moment; les soldats y pénètrent, ne trouvant pas ce qu'ils espèrent, ils saccagent l'intérieur et brisent avec dépit les portes et les fenêtres.

Chez les aubergistes et les marchands épiciers, ce fut une véritable lutte entre les soldats qui se disputaient le butin, et on en vit qui jetaient de colère par les fenêtres

les litres d'eau-de-vie et de liqueurs. Mesdames Bonhôte
et Muller étaient ouvrières en robes; elles avaient, même
des villages voisins, des étoffes à confectionner: le tout
fut rapidement enlevé. Le linge était l'objet le plus
recherché; des vêtements, des couchages et des duvets
furent pris aussi et portés triomphalement dans les
wagons; nous avons appris qu'une partie de ces objets
furent vendus aux environs de Nancy.

Ce pillage fut cependant marqué par des actes d'une
noble générosité; je les mentionnerai pour rester juste
envers tous. Plusieurs soldats étaient révoltés de cette
manière d'agir et la blâmaient hautement. Chez M. Moriot,
un Bavarois trouve une montre en or et la rend aussitôt;
ailleurs, des soldats se tiennent sur les portes des maisons
qu'ils avaient occupées, et en écartent les pillards.

Les habitants assistaient, sans oser rien dire, à cette
dévastation; les hommes s'étaient cachés pour ne pas
être faits prisonniers; presque partout les femmes restaient
seules en face des soldats: plusieurs furent indignement
menacées et frappées. Clémence Louis, jeune fille en
service chez M. Rottement, crut toucher à son dernier
jour: Des uhlans lui demandent la clef de l'église; elle
ne l'avait pas. Ils s'irritent de son refus et se plaignent.
Un officier accourt, poursuit cette jeune fille et lui tient
longtemps son révolver sur la poitrine. Quel acte de
courage !

M. Bruant, maire, était en prison; des officiers récla-
ment à Mme Bruant, l'argent de la commune; elle leur
répond qu'elle ne l'a pas. Ils s'emportent, jettent à plusieurs reprises cette respectable femme sur le plancher,
et l'un d'eux saute à pieds joints sur son dos: encore un
acte magnifique pour l'état-major du nouvel empire !
Mme Bruant fut obligée de se cacher sur les greniers de

M. Racadot, et profita de la nuit pour gagner Sexey. Les
Prussiens la cherchaient encore, et M. Racadot fut à ce
sujet fort malmené.

M. Thomas (Jean-Baptiste), père de quatre petits enfants,
était domestique chez M. Geoffroy. Il fut un peu lent pour
ouvrir une porte aux soldats, qui le regardent avec colère.
Comme il avait une barbe très épaisse, ils le soupçonnent
d'être un franc-tireur, ils le saisissent, le frappent sans
pitié, l'entraînent sur le chemin de Gondreville, et, pour
s'assurer qu'il n'est point un soldat déguisé, ils le dépouil-
lent de tous ses vêtements.

Ce pillage sauva la vie d'un enfant. M. et Mme Mouilleron avaient été saisis le matin tellement à l'improviste,
qu'ils avaient laissé dans son lit leur petite fille âgée de
trois ans. Les soldats enfoncent la porte; l'enfant effrayée
se cache sous son duvet. Les soldats, en secouant tout,
la découvrent, l'emportent et la remettent à Mme Chalbot.
Quelques heures après, le feu prenait dans cette maison.

Un coup de trompette annonça la fin du pillage; tout
était parfaitement organisé dans cette armée, même pour
la destruction. Ce fut alors que disparut le plus beau
calice de l'église. Pour plus de sûreté, nous le déposions
chez M. l'instituteur. Se voyant menacé, M. Mayeur le
fit porter chez un voisin. Ce vase sacré fuyait de maison
en maison la main sacrilège. Il fut découvert et pris chez
M. Muller jeune. Que devint-il? de quelles profanations
fut-il l'objet? je ne saurais le dire. Nous le croyions
perdu pour toujours.

Au mois de mai, je reçus une lettre de Mlle Husson,
de Toul, religieuse ursuline à Breslau. Elle me demandait,
de la part de M. le chanoine Klein, des renseignements
sur l'église de Fontenoy. Je lui fis connaître les épreuves
que nous avions traversées. Elle me répondit: Votre

calice se trouvait à la vitrine d'un orfèvre de Breslau avec d'autres objets précieux venus de France; M. Klein vient de l'acheter. Donné par la grande aumônerie, le calice portait sur le pied le nom de Fontenoy, ce qui le fit reconnaître. Le généreux chanoine le fit réparer, s'offrit à me le renvoyer, me priant de le faire consacrer de nouveau. Il avait donc été dégradé, profané par les soldats qui l'avaient vendu dans leur pays. J'avais eu l'intention d'indemniser M. Klein de la somme versée par lui; j'appris par Mlle Husson que cette offre lui ferait de la peine et serait comme une injure à l'inépuisable charité de ce prêtre.

Pour éviter toute difficulté dans le retour, il fut convenu que le calice serait expédié de Breslau à Metz. J'écrivis à Monseigneur de Metz, le priant d'ouvrir son palais épiscopal à ce prisonnier revenant de si loin vers son église dévastée. Sa Grandeur m'avertit de son arrivée par une lettre charmante.

La veille de la fête de saint Mansuy Mgr l'Évêque de Nancy consacrait notre calice qui reparut le lendemain sur l'autel de Fontenoy. Il restera l'un des plus touchants souvenirs de nos malheurs. M. Klein a fait graver à l'intérieur du pied ces mots: « Souvenez-vous de votre confrère Henri Klein, qui a racheté ce calice à Breslau en 1871. » Nous satisferons à ce désir: le nom de M. Klein est marqué parmi ceux de nos plus chers bienfaiteurs. Voilà les prêtres que les Prussiens persécutent aujourd'hui! Si jamais M. Klein devait prendre le chemin de l'exil, je l'invite à passer à Fontenoy; nous lui présenterons son calice avec bonheur et reconnaissance.

# V.

## L'incendie.

Survenaient à Fontenoy des soldats de toute arme, de toute province. C'étaient sans doute des hommes sur lesquels on pouvait compter ; la pitié n'arrêterait point leur bras. Vers quatre heures, une riche voiture dépose des officiers supérieurs. Ils apportent l'ordre du roi : Fontenoy doit être brûlé.

Le signal est donné, les soldats se précipitent dans la maison de M. Roussel, entassent au premier étage les couchages qui restent encore et mettent le feu. A la vue des flammes, nos pauvres habitants étaient atterrés ; tout espoir est perdu. Plusieurs s'échappent alors en traversant les sentinelles allemandes qui tiraient, je pense, plutôt pour les effrayer que pour les atteindre. Ces malheureux jettent l'épouvante dans les villages voisins. La frayeur est à son comble à Gondreville et à Villey-Saint-Etienne. Ces villages, disent les soldats, seront aussi brûlés ; en effet, les journaux allemands l'annoncèrent.

Un poste prussien était alors sur le pont de Gondreville. M. Gillet, maire, M. Jacquemin, instituteur, furent appelés comme ôtages. Ils devaient être fusillés si les soldats étaient attaqués. M. Jacquemin laissait sa femme malade et sous le coup d'inquiétudes et de craintes qui pouvaient devenir fatales. Je fis en sa faveur une démarche auprès de l'officier qui me félicita et le renvoya sur-le-champ. M. Vigneron le remplaça comme ôtage.

Pendant que je parlementais ainsi, M. l'abbé Antoine

faisait une tentative pour pénétrer à Fontenoy. Nous étions dans les plus déchirantes alarmes; le foyer de l'incendie s'étendait; la maison de M. Rottemont, qui touche à l'église, était en feu, et le Saint-Sacrement se trouvait encore dans le tabernacle : nous tremblions à la pensée d'une horrible profanation. M. Antoine fut arrêté par les Prussiens, qui tiraient sur quiconque approchait.

Nous retournons tous deux vers l'officier qui gardait notre pont et m'avait paru si bienveillant; nous le conjurons de nous donner un laissez passer pour Fontenoy, ou un de ses soldats pour nous accompagner; je lui fais les offres les plus séduisantes. Il me répond : « Mon soldat » et vous, vous seriez tués: soyez sans inquiétude, je » connais les ordres ; l'église sera respectée, ainsi que la » vie des habitants, je vous en donne ma parole. » Hélas ! à ce moment Mme François était dévorée par les flammes. Je touche à l'acte le plus révoltant de ce drame.

Mme François habitait avec son fils, adjoint au maire de Fontenoy. Depuis plusieurs années cette femme, âgée de 75 ans, était paralysée, ne quittait le lit qu'aux beaux jours où ses enfants la portaient sur un fauteuil. Son lit, témoin de ses longues souffrances, était au centre de la maison, non loin du foyer. Que de fois nous sommes allés l'encourager dans cette longue épreuve !

Avant l'incendie, M. François avait demandé de charger sa vieille mère sur une voiture et de la conduire à Gondreville chez sa fille. Les Prussiens refusèrent. Voyant le feu dans plusieurs maisons, M. François rentre chez lui, et veut emporter sa mère. Les soldats se fâchent et l'un court avec sa baïonnette sur M. François qui se sauve à travers le jardin. Ramené par un sinistre pressentiment, M. François reparaît dans le couloir venant du jardin. Alors une scène affreuse s'offre à ses regards : Mme François était entrée en lutte pour emporter la vénérable infirme. Elle s'avance vers le lit : un Prussien l'arrête et lui donne un soufflet ; elle se précipite de nouveau vers le lit : des soldats la prennent et la renversent sur le pavé. Elle se relève hors d'elle-même, et s'enfuit comme égarée par ces indignes traitements. Elle rencontre son mari qui accourait et lui dit : « Sauvonsnous, nous sommes perdus ! » Ils n'étaient pas loin quand ils virent la fumée sortir de leur maison : le feu s'y répandit rapidement, et Mme François mourut, consumée par les flammes sur son lit de souffrances.

On ne pouvait croire à cette mort, et l'on disait que Mme François avait été transportée à Frouard ou à Nancy. Ses enfants l'espéraient. Il n'en était rien, et on retrouva sous les débris de la maison quelques ossements calcinés et le crucifix que la pieuse infirme portait toujours à son cou. Une croix tracée sur le toit de la maison restaurée de M. François indique l'endroit où mourut martyre sa pauvre mère !

Les Prussiens se disputaient l'honneur de porter la torche incendiaire, et quand les flammes s'élevaient, c'étaient des battements de mains et des hourras ; ils ne mettaient le feu dans une nouvelle maison qu'après un certain intervalle, et prolongeaient ainsi cette noble jouissance. M. Maillard, Sébastien, ne pouvait s'arracher à sa modeste maison ; il espérait en écarter les flammes et s'était caché dans un coin obscur. Deux soldats entrent, brisent la fenêtre pour établir un courant d'air activant le feu : cette précaution était prise partout par ces habiles incendiaires. Ils ouvrent l'armoire : elle ne renferme rien de précieux ; ils étalent sur le lit la plus belle robe, l'examinent et la dédaignent. Ces pillards désenchantés tirent la paillasse, allument le feu et s'enfuient rapidement. M. Maillard sort de sa retraite et réussit à étouffer la flamme naissante. Il croyait avoir évité la ruine; mais pendant la nuit, l'humble chaumière fut brûlée avec les maisons voisines.

M. le comte de Fontenoy possède une belle ferme, riche exploitation agricole. Le soir, les Prussiens entrent et font sortir le bétail. Alors M. Geoffroy, fermier, et sa femme, se jettent à leurs genoux, les conjurent de conserver ces maisons qui ne leur appartiennent pas, et ces récoltes qui sont leur espérance pour l'année. Ils offrent de l'argent: les soldats l'acceptent et se retirent. Un instant après, les deux bâtiments étaient en feu.

Vingt maisons brûlaient au milieu de la nuit: le temps était calme, les flammes s'élevaient à une hauteur prodigieuse. Du clocher de Gondreville, je suivais les progrès de l'incendie: je craignais pour l'église, et je venais à chaque instant interroger la flèche de Fontenoy, qui se dessinait à travers les flammes et semblait nous dire : « La maison de Dieu est encore respectée. »

Furent brûlées, dans cette première nuit, avec les meubles et les récoltes, les maisons de :

MM. Bruant, maire,
    Forthomme,
    Hachet, — Mouilleron, locataire,
    Roussel,
    Toussaint (2 maisons), — Zimmer, locataire,
    Muller,
    Maillard-Bruant,
    Maillard, Sébastien,
    Henri, (en partie).
    Rottement,

François, adjoint, — Thomas, André, locataire,
Maillard,
Lartillot, aîné,
Albert,
Louvion,
Lamy,
Thomas, mère,
Geoffroy, père,
Geoffroy, fils, fermier de M. le comte de Fontenoy

La plupart des femmes, avec les enfants, étaient restées au village ou se cachaient dans les environs. Quelle affreuse nuit elles passèrent à côté de ce vaste incendie. Cependant, à ces actes de barbarie, les Allemands voulaient ajouter encore des excès plus révoltants. La population de Fontenoy est profondément morale ; les soldats tentèrent de flétrir des âmes dignes et de faire à des cœurs nobles des blessures qui ne se cicatrisent point. Les femmes, avec les jeunes filles et les enfants, s'étaient groupées dans quelques maisons ; voyant autour d'elles ces soldats égarés par le vin et la colère, elles s'entouraient des plus minutieuses précautions pour éviter les insultes. Elles furent sagement inspirées. Malheur à celles qui furent surprises dans 'isolement ! Les officiers affectaient à cet égard une grande sévérité en face des soldats, sans doute pour l'honneur de la discipline ; mais ils se réservaient, les indignes ; le monopole de l'infamie, et il y eut de leur part quelques attentats de la violence la plus dégoûtante.

Qui donc a commandé cet incendie ? Qui doit en porter la responsabilité devant l'histoire ? Est-ce le fait d'un officier subalterne désireux de couvrir sa position en trouvant des coupables parmi les innocents ? Il est impossible de s'arrêter à cette hypothèse. Sans doute le commandant de Toul fit afficher que Fontenoy serait brûlé ; mais il obéissait à des ordres supérieurs. Voici ce curieux document :

« La plus revêche surveillance à la sûreté du chemin de fer et d'étape. Le pont du chemin de fer tout près de Fontenoy aux environs de Toul aujourd'hui la nuit fait sauter. Pour la punition, la village de Fontenoy fut brûlé de fond en comble. Le même sort tombera aux lieux dans lesquels quelque chose arrivera de semblable.

» Toul , 22 janvier 1871.

» *Le Commandant des Etapes,*

» Von Schmadel. »

Une mesure aussi grave ne pouvait être prise par un simple commandant. La destruction du pont avait irrité au plus haut point l'état-major prussien et la cour de Guillaume. C'est de là que dût partir l'ordre de la vengeance. On peut en juger par la pièce suivante :

« Sa Majesté le roi de Prusse , empereur d'Allemagne ,

» En raison de la destruction du pont de Fontenoy, à l'est de Toul ,

» ORDONNE :

» La circonscription ressortissante au gouvernement général de la Lorraine paiera une contribution extraordinaire de 10,000,000 fr, à titre d'amende. Le village de Fontenoy a été immédiatement incendié, à l'exception des quelques bâtiments conservés pour l'usage des troupes. »

» Nancy, le 23 janvier 1871.

» Le gouverneur général de la Lorraine,

» Von Bonnin. »

Voilà l'incendie mentionné dans une pièce officielle commençant par ces mots : « Le roi ordonne, etc. » Un officier me dit le lundi: Nous ne pouvons rien épargner; notre roi veut que tout le village soit brûlé. La responsabilité des injustices dont Fontenoy fut victime remonte jusqu'au roi lui-même. Guillaume venait d'être proclamé empereur ; c'est un triste reflet sur sa nouvelle couronne.

# VI

## L'Incendie continue. — Les derniers habitants arrêtés prisonniers.

1° Lundi 23 janvier :

Pendant cette nuit d'angoisses, tous appellent le jour et s'effraient des ruines qu'il va éclairer : Nous le désirions nous-même, afin de ne pas laisser plus longtemps le Saint-Sacrement exposé dans notre église aux insultes de soldats protestants. Dès le matin, je partis avec M. l'abbé Antoine à Fontenoy. En sortant de Gondreville, nous voyons fuir à travers les champs couverts de neige, des femmes traînant leurs enfants transis de froid. Elles viennent à nous en pleurant et nous engagent à ne pas aller plus loin. D'épaisses colonnes de fumée s'élevaient du foyer presque éteint de l'incendie.

Nous arrivons à notre annexe désolée. Les Prussiens étaient en rang à côté de la gare. Ils nous crient de nous arrêter. Je m'approche et demande à parler au commandant. On l'avertit ; mais avant de venir, il se concerte avec les autres officiers et nous laisse tous deux exposés aux plaisanteries des soldats. Il vient la colère sur les lèvres, nous traite de barbares, nous reproche leurs hommes égorgés, et s'écrie avec un geste menaçant : « Vous serez sévèrement traités ; restez-là, puis va » continuer sa revue. » Encouragés par ces paroles, les soldats donnent un libre cours à leurs insultantes railleries. Nous y étions peu sensibles, et nous nous demandions, d'après cette réception peu flatteuse, par quel moyen nous pourrions arriver à l'église et obtenir les vases sacrés.

Un instant après, un jeune officier, s'avance, nous adresse les mêmes reproches, nous parle de la sonnerie de l'Angelus. Il nous était facile de réfuter ces accusations. Il reprend : « Vous avez trahi votre devoir en ne » protégeant pas nos soldats ; je sais quel doit être votre » ministère ; je suis catholique, et pendant deux ans, » j'ai servi à Rome aux dragons pontificaux. » Je lui réplique : « Alors votre mission était plus belle que celle » que vous remplissez ; » et, profitant de ce mouvement offensif qu'il m'ouvrait contre lui, j'insiste pour avoir les vases sacrés et je fais appel à ses sentiments religieux.

Nous nous dirigeons ensemble vers l'église, à travers les maisons qui se consument ; la porte principale et celle de la sacristie étaient enfoncées : le reste était intact. « Venez, nous dit l'officier, je demanderai à mon chef » de vous permettre d'emporter les vases sacrés. » Il nous arrête assez loin de la gare, pour nous tenir à distance de nos paroissiens destinés à la prison. A son retour, il nous dit: « Le commandant vous permet » d'enlever les choses saintes à deux conditions : 1º Vous n'entrerez dans aucune maison ; 2º Vous sortirez du village immédiatement. » Il appelle un soldat et tous deux nous suivent à l'église.

Au moment où nous sortions de l'église, des femmes nous entourent et nous supplient d'intervenir en leur faveur auprès des chefs, et de faire défendre aux soldats de tirer sur elles. « Eh! quoi, dis-je à notre officier, vous » brûlez les maisons, et vous osez encore tirer sur les » femmes quand elles veulent partir; que feront-elles » avec leurs enfants au milieu des ruines? » Notre Allemand niait, les femmes affirmaient. Je me rappelle avec douleur Mme Geoffroy, avec ses petits enfants; leur vaste ferme était en cendres; son mari était entre les mains des Prussiens, les soldats l'avaient menacée elle-même quand elle avait voulu gagner Aingeray, qu'habite son père. Pauvre jeune mère! Ces émotions ruinèrent sa santé, et je la revis bientôt sur son lit de mort, dans un appartement improvisé : elle avait voulu mourir à Fontenoy.

L'officier fut attendri par les larmes de ces mères de famille, et je le vis essuyer ses yeux. Je le priai d'user de son influence pour faire cesser ce châtiment immérité. « Je ne puis rien, me répondit-il. Notre roi le veut, le » village sera détruit. »

Nous traversions la rue : « Arrêtez, nous dit-il en tirant » vivement son épée. » Nous ne comprenions rien à cette prise d'armes inattendue. L'officier et le soldat se précipitent dans une maison. Ils ont sans doute découvert un franc-tireur. Ils sortent poussant rudement devant eux M. Grandidier père, vieillard incliné déjà par l'âge. Je l'engage à se résigner, à ne pas se plaindre. Ils l'entraînent à la gare; nous prenons le chemin de Gondreville. Nous conduisions par la main Berthe Mouilleron, que ses parents, faits prisonniers la veille, avaient laissée dans son berceau, et que les soldats avaient sauvée au moment du pillage. M. l'abbé portait dans sa main l'ostensoir. Ni cette petite enfant, ni la vue de ce vase sacré ne suffirent pour nous faire respecter.

Nous étions à peine à cent mètres du village quand nous nous trouvons en face de trois Prussiens revenant du pont en suivant le chemin de fer. L'un d'eux prend son fusil et nous couche en joue. Nous nous inclinons pour éviter le coup. N'entendant aucune détonation, je me relève et je crie à ce soldat : « Vos officiers nous permettent... » je n'achève pas, il dirige de nouveau son fusil contre nous. Il ne tira point. Avait-il voulu nous effrayer ? fut-il retenu par ses compagnons qui lui causaient ? Je l'ignore ; mais nous pouvions tout attendre de ces hommes égarés par le vin et la fureur.

A Gondreville, on nous regarde passer en silence ; les larmes sont dans tous les yeux ; lorsque nous entrons à l'église pour y déposer les vases sacrés fugitifs, les sanglots éclatent ; plusieurs personnes de Fontenoy nous y attendaient en priant. Malgré les poignantes émotions de ce voyage, nous remercions Dieu ; nous n'avions plus à craindre une profanation, qui aurait été pour nous le souvenir le plus amer de ces tristes jours.

Qui le croirait ! au milieu de la nuit, les Prussiens cherchaient encore de nouveaux ôtages ; loin d'être désarmés par cet effroyable incendie, ils sévissaient avec un nouvel acharnement. M. Muller et M. Henri furent arrêtés auprès de leurs maisons en feu. Pour atteindre la gare, ils durent traverser un groupe de soldats qui les frappaient avec le poing, le pied, le sabre ou la crosse du fusil. L'un de ces héros prenait plaisir à tourmenter M. Muller, qui s'en plaint à un officier. Tenu à distance, ce soldat furieux se venge en crachant pendant deux heures à la figure des prisonniers. Que d'habitants furent exposés à de pareilles avanies, qui jettent un si beau jour sur la délicatesse de l'éducation prussienne.

Le principal jouet de la cruauté des Allemands pendant cette nuit horrible fut M. Bruant Charles, âgé de 74 ans. Ce vieillard était d'une grande bonhomie. Soit à cause de l'originalité de son langage, soit à cause du fils qu'il avait à l'armée, il subit un véritable martyre. On lui lia les mains derrière le dos et on le frappa sans pitié. Plusieurs fois il se jeta aux genoux de ses bourreaux demandant grâce ; les coups redoublaient au milieu des éclats de rire. Un soldat prit même une bûche de bois et en frappa le malheureux patient. M. Bruant resta comme brisé par ce traitement barbare : conduit à la prison de Nancy, il mourut le 30 janvier.

La veille, M. Roussel, M. Grandidier (Pierre), avaient été forcés de suivre comme ôtages les patrouilles prussiennes ; ils traversèrent Velaine, Sexey, Aingeray ; les maires de ces communes leur furent adjoints ; ils parcoururent les bois et vinrent passer misérablement la nuit à Liverdun. Surpris par nos soldats, les Allemands auraient d'abord égorgé ces innocents ; ils appelaient cela de la prudence. Le lendemain, M. Gô Lambert fut ainsi promené devant une compagnie. Après avoir souffert le jour et la nuit, MM. Roussel et Grandidier revinrent à Fontenoy, le lundi matin, et furent dirigés sur la prison de Toul. M. Geoffroy et M. Gô Hippolyte pris également dans cette nuit, furent menés à Nancy avec les autres captifs.

Fontenoy devenait désert ; les Prussiens chantaient au milieu des ruines, attendant le signal de continuer l'incendie. De nouvelles colonnes de fumée s'élèvent bientôt ; comme la veille, le foyer s'agrandissait sans cesse, et pendant cette seconde nuit, ce fut un spectacle effrayant.

Furent brûlées, le 28, avec mobiliers et récoltes, les maisons de :

MM. Brice,

François, charron. ∘ Chalbot, locataire.

Cahez,

Bruant, Joseph,

Veuve Joigneaux,

Bruant, Christophe,

Barat père,

Arnould, Joseph,

Arnould père,

Grosjean.

La famille Brice avait été la veille conduite à Toul et à Nancy ; personne ne se trouva pour chasser le bétail : les vaches furent brûlées à l'écurie. Je ne m'explique pas l'indifférence des Allemands à ce sujet. Ils pressuraient la France par leurs réquisitions, et à Fontenoy, ils brûlaient le foin, la paille, l'avoine, le blé ; des sacs de blé furent brûlés dans les granges : c'était la plus aveugle destruction, mais aussi le moyen le plus direct de nous ruiner.

Mardi, 24 janvier.

Mon presbytère était envahi sans cesse par les infortunés fugitifs de Fontenoy ; je voyais leur dénûment et leurs inquiétudes ; les bruits les moins rassurants circulaient au sujet des prisonniers. Il fallait pourvoir à tant de misères. Je me rappelais les larmes de l'officier prussien à Fontenoy, et j'étais poursuivi par cette pensée : une démarche auprès du commandant amènerait peut-être l'élargissement des captifs, et qui sait, la cessation de l'incendie. M. l'abbé Louis, vicaire de la cathédrale, vint me prévenir que les dames de Toul se réunissaient pour nous offrir les premiers secours ; je partis pour cette ville décidé à faire les démarches qui me paraissaient imposées par nos malheurs. Je pensais, en cas d'échec, ne m'exposer qu'à des injures; je devais les affronter dans l'espérance du bien à réaliser.

Je sus à Toul que le commandant était dans une exaspération telle que ma présence l'irriterait encore davantage. Chacun me disait: « Attendez quelques jours »; ce retard me brisait le cœur; en sortant de Gondreville, j'avais vu l'incendie recommencer. J'allais par les rues, m'informant et cherchant comment je pourrais prudemment m'ouvrir une porte vers ce redoutable commandant qu'on n'osait aborder. Je rencontre M. Didelot, pharmacien, je lui fais part de mon projet et des obstacles qui l'entravent. Je connais, me dit-il, le capitaine qui tient les bureaux de la place; si vous voulez, nous irons le voir, nous serons parfaitement accueillis, et vous n'avez rien à craindre.

Les circonstances les plus inattendues me poussaient vers la prison.

Un officier supérieur arrivait d'Allemagne et désirait avoir des renseignements sur la famille d'un sergent-major, né dans la Meurthe et alors prisonnier en Silésie. Ce sergent avait un frère prêtre et missionnaire. Je pense à Joseph Marchal, de Raville, mon ami d'enfance, dont le frère Charles est missionnaire en Amérique. J'entre chez l'officier qui fut enchanté: Joseph Marchal donnait des leçons de français à ses enfants pour adoucir sa captivité. J'engage ce commandant à me seconder dans ma tentative en faveur de Fontenoy. « Je regrette, me » dit-il, de ne pouvoir vous aider directement; mais faites » une démarche, et, à l'occasion, je vous serai favo- » rable. » Je vais en toute confiance aux bureaux de la place.

Le capitaine nous accueillit avec une rare politesse.

M. Didelot lui dit le but de ma visite, et je commençai à plaider la cause de Fontenoy. Pendant que je parlais, l'officier traça quelques mots sur un papier et le remit à un sergent. Il m'interrompait de temps en temps pour m'adresser certaines questions auxquelles je répondais de mon mieux; j'espérais réussir à prouver l'innocence de mes paroissiens. Le sergent rentre tenant un pli; le capitaine l'ouvre, et me dit en lisant : « Vous êtes » détenu. » Ces mots furent un coup de foudre pour M. Didelot, et moi-même je ne pouvais y croire. Ce capitaine en apparence si bienveillant avait fait connaître ma présence au commandant, et celui-ci, ravi de l'occasion de me saisir sans bruit, avait ordonné mon incarcération. Une demi-heure après, j'entrais à la prison militaire, et j'étais placé dans la chambre où M. Bruant, maire, souffrait depuis deux jours.

A ce moment, l'incendie reprenait avec une nouvelle intensité. Vers dix heures du matin, le feu fut mis à la maison de M. Moriot, puis éteint par les Prussiens eux-mêmes. Hésitaient-ils à continuer l'œuvre de la destruction, ou voulaient-ils réserver pour leurs troupes cette magnifique maison? Le soir, cette belle propriété fut détruite, et le feu brûlait à trois extrémités de notre pauvre village. Les ordres du roi s'exécutaient avec la plus rigoureuse ponctualité.

Furent brûlées avec mobilier et récoltes, les maisons de :

MM. Moriot (2 maisons), Thomas Jean-Baptiste et Bruant, veuve, locataires.
    Muller fils,
    Lartillot Victor,
    Louis Hyacinthe,
    Maison d'école,

Gigout fils,

Gô Lambert, cultivateur,

Grandidier père, — Grandidier fils (locataire),

Rousselot,

Bernard,

Grandidier Pierre,

Arnould J.-B., père,

Rousselot-Michel, — Rousselot, veuve, locataire,

Roussel, de Villey,

Arnould J.-B., fils.

Arnould Clément,

Gigout, mère,

Bouchot, de Nancy, — Barrat, locataire,

Bonhôte,

Racadot, cultivateur.

3° Mercredi, 25 janvier :

On l'a remarqué, Fontenoy ne fut pas incendié dans un moment de colère : l'œuvre fut lente, et la vengeance fut poursuivie froidement. Les Prussiens allaient la terminer et pourraient écrire à Guillaume : « Fontenoy n'est plus, vous êtes vengé. » Quelques maisons peu fournies de paille n'étaient pas totalement détruites. Les soldats prirent du pétrole, enduisirent les portes et les planchers et mirent le feu de nouveau. La maison de M. Trévis fut aussi brûlée ce jour. Il ne restait plus que trois maisons à côté de la gare, et trois chaumières au-dessus de l'église, toutes plus ou moins détériorées : elles étaient nécessaires aux troupes, le feu dut cesser.

Après l'incendie, les Prussiens amenèrent un photographe à Fontenoy pour prendre cette scène désolée dont ils osaient se faire gloire. Ils placèrent leurs soldats avec art, afin de rendre l'effet plus saisissant. L'épreuve ne parut pas satisfaisante : la première maison à gauche n'était pas brûlée ; c'était une ombre qui blessait ces généreux Allemands. Aussitôt les ordres sont donnés, les soldats renversent une partie du mur et restent sur la brèche, occupés à démolir. C'est dans cette attitude, si douce au cœur prussien, qu'ils sont représentés. La maison de M. Hachet fut donc détériorée uniquement pour offrir une image plus frappante du désastre. Oui ; les Allemands sont des artistes ; ils aiment les belles choses !

L'église, debout au fond du tableau, au milieu des ruines, semble redire à la reine Augusta, comme un écho des pieuses lettres de Guillaume : « Nous respectons les choses saintes ; « Dieu est avec nous. »

## VII.

### Pillage de l'Eglise.

Plusieurs officiers nous avaient affirmé que l'église serait respectée : c'était même l'objection qu'ils nous faisaient quand nous voulions enlever les vases sacrés. « Nous prenez-vous, nous disaient-ils avec indignation, » pour des impies et des barbares ? nos soldats sont plus » religieux que les vôtres ; soyez tranquilles, on ne » touchera pas à l'église. » Ces promesses ne dissipaient pas toutes nos inquiétudes.

Le mercredi soir, M. l'abbé Antoine fut mandé par un soldat auprès du commandant de Gondreville. Il s'y rendit avec une certaine appréhension, et il voyait déjà s'ouvrir devant lui la prison de Toul. Cet officier lui dit : « Si

» j'entends vos cloches, je m'emparerai des clefs de votre
église. » M. Antoine lui fit observer que depuis le
dimanche matin on n'avait pas sonné ; puis, profitant de
cette entrevue, il lui parla de l'église de Fontenoy, et lui
demanda la permission de transporter le mobilier,
puisque le village était abandonné, et que les offices
n'avaient plus lieu.

Le lendemain, il reçut de Fontenoy cette lettre :

Monsieur le Curé,

Je vous prie de me visiter à Fontenoy, à la gare, pour
déprendre les choses sacrées de l'église. Je suis à votre
disposition, et l'ordonnance catholique a l'ordre de vous
accompagner à moi.

J'ai l'honneur d'être votre serviteur.

(Nom illisible.)

Capitaine du régiment 17 et commandant à Fontenoy.

M. Barnage, professeur au grand-séminaire, et M.
Mathieu Désiré, professeur à Pont-à-Mousson, étaient à
ce moment dans mon presbytère. Ils se rendirent à
Fontenoy avec M. Antoine. Le capitaine les reçut avec
bienveillance, requit deux voitures pour transporter le mobilier, et commanda des soldats pour le charger. Voici
l'état dans lequel se trouvait l'église :

La porte d'entrée et celle de la chapelle des fonts
étaient enfoncées ; le bassin de l'eau baptismale était
enlevé ; les Prussiens s'en servaient pour préparer leur
café. Il ne restait du lustre que la carcasse en fer ; le
cristal était en morceaux dans l'église; des éclats avaient
même traversé les fenêtres et furent retrouvés dans le
cimetière. Les soldats s'étaient amusés à frapper ce lustre
avec leurs fusils. Il était moins dangereux de jouer à la
baïonnette avec ce lustre qu'avec les Chasseurs des Vosges.
Toutes les croix des autels étaient emportées; les chan-

deliers abîmés et tordus ; la porte du tabernacle enfoncée à coups de crosse de fusil. Quelle profanation si nous n'avions pas insisté pour enlever le Saint-Sacrement ! Une pierre d'autel était aussi brisée. A la sacristie : ornements, surplis, aubes, fleurs, vases cassés étaient jetés pêle-mêle sur le pavé, et avaient été foulés aux pieds. Des mains habiles (quelques femmes suivaient les soldats) avaient taillé le sujet des écharpes, enlevé les galons les plus précieux, et détaché les parties les plus riches des soutanelles ; les petits chandeliers et candélabres avaient disparu.

Un soldat emporta à Nancy le diadème de la statue de la Sainte Vierge. Les personnes qui le logeaient le réclamèrent et nous le renvoyèrent par l'évêché. Une bannière de la Sainte-Enfance, quel trophée ! fut prise par un officier bavarois. Sa famille la renvoya des environs de Munich, aux demoiselles Maggiolo, de Nancy, qui nous la firent parvenir par M. Pierre, ancien curé de Gondreville.

Les soldats ne laissèrent aucun objet dont ils pouvaient tirer parti. Ils enlevèrent avec dextérité, sans nuire aux meubles, toutes les serrures de la sacristie, et, pour couronner cet odieux pillage, un protestant écrivit sur un panneau du buffet :

« Misérable est le prêtre qui abandonne ainsi son église. »
Quand il m'insultait, ce soldat ignorait sans doute que son chef, plus habile, me tenait étroitement dans la prison de Toul, précisément parce que je m'étais occupé de mes malheureux paroissiens.

# VIII.

## Les Prisons et les Interrogatoires.

Nous étions vingt-trois en prison : quatorze à Toul, neuf à Nancy. Deux vieillards moururent à Nancy des suites des mauvais traitements qu'ils avaient subis. Cependant tous à la prison de Nancy furent entourés, dans la mesure du possible, des plus touchantes sympathies et des soins les plus délicats de la part de l'administration française. Les sœurs furent admirables ; M. l'abbé Didelot, aumônier, a tous les titres à notre reconnaissance ; les hommes les plus honorables de la ville s'intéressèrent aux malheureux détenus, et multiplièrent les démarches pour calmer leurs inquiétudes et hâter leur délivrance. Au bout de huit jours, tous sortirent excepté M. Mayeur qui ne fut libre que le 11 février.

A Toul, personne n'osait réclamer en notre faveur ; on aurait aggravé notre situation, tant les officiers étaient prévenus. Nous étions séparés. Le plus grand nombre était dans la sellerie d'une caserne, exposé au froid et à toutes les injures de l'air : les fenêtres brisées pendant le siége n'avaient pas été réparées. Ces malheureux avaient pour nourriture le pain et l'eau, sauf un chétif repas chaque deux jours. Ils couchaient à vrai dire sur le plancher, tant la paille était distribuée avec une cruelle parcimonie. Se plaindre, c'était s'attirer de nouvelles injures et les railleries des impitoyables gardiens.

La prison militaire était réservée aux détenus les plus compromis. Là, se trouvaient M. Simorre, chef de gare, qui sortit le quatrième jour, après son interrogatoire ;

M. Bruant et moi. M. Moriot vint passer quelques jours seulement dans notre étroite chambre. Nous étions au rez-de-chaussée, dans un appartement humide, ne prenant jour que par une lucarne sur l'endroit le plus infecte de la cour. Pour la nuit, on nous apportait à neuf heures un matelas d'une propreté douteuse ; nous l'étendions sur le plancher, et nous nous enveloppions dans une couverture. Tout ce luxe disparaissait à six heures du matin, et nous n'avions pas même une chaise pendant la journée.

Au-dessus de ce local si peu séduisant, étaient les Prussiens amassés ivres dans les rues de la ville. Ils arrivaient à toutes les heures de la nuit. C'étaient parfois des scènes effrayantes. L'un d'eux, dans sa fureur, fut deux heures à lancer contre la porte, son fourneau brisé. A chaque bond du fourneau, il poussait des cris et des blasphèmes affreux. Encore si nous n'avions eu à souffrir que du vacarme, mais le plancher qui nous séparait de ces aimables hôtes, nous préservait à peine contre... Il est des détails que la délicatesse française ne souffrirait point. Les premiers jours nous ne sortions pas. On nous laissa plus tard, passer le matin et le soir un quart d'heure dans la cour, avec les soldats prussiens. Ils furent toujours très-convenables à ce moment. Outre le factionnaire qui gardait la prison, un autre se promenait toute la nuit devant notre porte. On nous permit de prendre notre nourriture, si nous voulions la payer, au traiteur chez lequel mangeaient les officiers prussiens ; c'était une économie qu'ils faisaient à nos dépens; on nous le pardonnera, nous fûmes les premiers à y applaudir.

## Les Interrogatoires.

A Toul et à Nancy, le but des juges était le même. Ils
voulaient s'assurer : 1º Si les habitants attendaient les
soldats français ; 2º S'ils les avaient secondés dans l'atta-
que du poste et la destruction du pont. Ils insistaient sur
ce dernier point, car si les habitants n'étaient pas com-
plices, il était impossible de justifier l'incendie. Ils
furent bientôt convaincus de l'innocence des accusés ;
aussi leurs questions étaient peu sérieuses, et allaient
toujours se perdre dans des reproches injustes et des
menaces ridicules. A Nancy, M. Puggé, juge, pressa
plus vivement M. Mayeur, instituteur. Il avait sonné
l'Angelus à l'heure ordinaire; c'était le moment de
l'explosion, coïncidence fatale ! Le juge avouait que l'accu-
sation se soutenait difficilement, mais il devait la pour-
suivre d'office, et remplissait cette tâche avec une ténacité
qui ne fait pas son éloge.

A Toul, M. Roussel, aubergiste, subit un véritable
assaut, de la part des officiers prussiens. Ils le soupçonnaient d'avoir reçu les agents français qui venaient étudier
le pont. C'était vrai; mais ces agents étaient déguisés, et
l'un d'eux dîna même un jour avec un chef prussien, et
coucha dans la même chambre.

Quels reproches pouvait-on adresser à celui qui recevait
l'un en face de l'autre ?

M. le maire fut appelé trois fois devant le commandant.
En vain il exposait avec quelle réserve il avait agi vis-à-
vis des soldats français; en vain il prouvait qu'il était
étranger à leur tentative, il ne pouvait convaincre ses
juges dont tout le système croulait si le maire lui-même
était irréprochable. Les mêmes questions me furent

adressées avec de légères variantes. Je vais donc repro-
duire mes deux interrogatoires qui seront comme le reflet
de toutes les autres; et je leur laisserai leur physionomie
bizarre et désordonnée; le lecteur appréciera mieux
l'insolence et le peu de sincérité de mes juges. Ils
soupçonnaient les prêtres de communiquer avec notre
armée, et de recevoir des dépêches secrètes; supposition
hélas! fort gratuite, mais qui m'explique certaines insi-
nuations et leur désir de me surprendre en défaut. Pour
abréger, j'indiquerai par la lettre D les questions qui me
furent posées, et par R mes réponses.

Le jeudi 26, à 10 heures du matin, je fus conduit
devant le commandant entouré de nombreux officiers.
Après un préambule capable de m'effrayer, il dit :

D. — Vous êtes accusé d'avoir laissé tinter plus vite
qu'à l'ordinaire les neuf coups de cloche qui précèdent
l'Angelus.

R. — Ces coups de cloche ont un sens liturgique, et
sont frappés, trois par trois, à de légers intervalles.
J'affirme que dimanche matin ils ont été tintés comme
à l'ordinaire.

D. — Je soutiens qu'ils ont été plus précipités. Le
commandant exprima lui-même leur mouvement rapide.

R. — Si vous connaissiez notre cloche, vous jugeriez
ce mouvement impossible. Je vous le répète, on a sonné
comme les autres jours.

D. — En donneriez-vous votre parole d'honneur?

R. — Ma simple parole de prêtre doit vous suffire,
Cependant, si vous l'exigez, je vous l'affirmerai solennellement.

D. — Votre parole d'honneur! je n'en veux pas. Il n'y
en a plus en France, témoin vos soixante officiers.

R. — Laissez nos officiers; ils sauront défendre leur

3

honneur. Mon caractère doit écarter tous vos soupçons.

D. — Du reste, vous nous embêtez (sic) avec vos cloches. Vous sonnez sans cesse; à Nancy, on sonne le jour et la nuit.

R. — J'espère, Monsieur, que votre intention n'est pas de me mettre sur le dos toutes les cloches du département. Je ne réponds que de celles de Gondreville.

Plusieurs officiers se mirent à rire, et j'allais les imiter quand le commandant reprit d'un ton sévère :

D. — A quelle heure vous êtes-vous éveillé dimanche matin ?

R. — Entre deux heures et demie et trois heures, quand vous avez tiré le canon.

D. — Alors vous avez entendu passer les francs-tireurs à Gondreville ?

R. — Est-ce qu'ils ont traversé mon village ?

D. — Certainement, vous ne le saviez pas ?

R. — Non, Monsieur, c'est vous qui me l'apprenez. Depuis deux jours, je parlais de leur arrivée à Fontenoy, avec mes paroissiens, et personne à Gondreville ne les a ni vus ni entendus. — Les Chasseurs des Vosges ne s'étaient pas même approchés de notre village.

D. — (Un officier.) Vous vous découpez dans vos réponses. Vous entendez le canon de Toul, et vous n'entendez pas passer vos soldats dans votre village ?

R. — Connaissez-vous Gondreville ?

D. — Non.

R. — Je le regrette; vous sauriez qu'un régiment d'artillerie peut passer sur la route, sans que je l'entende o de mon presbytère.

D. — (Le commandant.) A quelle heure avez-vous appris l'explosion du pont ?

R. — Un peu après sept heures. En me rendant à

l'église, j'ai traversé la rue et j'ai demandé ce que signi-
fiaient ces coups de canon. On m'a répondu : le pont de
Fontenoy vient de sauter. — Le commandant comme
ravi :

D. — Ah ! vous saviez donc, vos paroissiens savaient
qu'il devait sauter.

R. — Non, Monsieur, nous en étions tous fort surpris ;
mais on voyait la brèche, il fallait y croire.

D. — Je le sais, vos paroissiens sont venus regarder.
Ils ont même poussé des cris de joie, vous en serez sévèrement punis.

R. — Je n'ai pas entendu ces cris ; mais vous ne
sauriez nous faire un crime de cette joie patriotique,
excitée par ce succès de nos armes.

Assez, dit le commandant, et il fit un signe au sergent
de la prison.

Je repris : Vous n'avez donc rien à me reprocher
personnellement. Une épidémie sévit dans ma paroisse ;
permettez-moi de retourner vers nos malades. Je me
présenterai tous les jours, si vous le voulez, à votre
poste de Fontenoy.

Le commandant, d'un ton de mépris : Vos malades,
vos épidémies, j'ai bien d'autres soucis dans la tête.
Allez.

Je fus reconduit en prison.

Le même jour, à 5 heures du soir, je fus appelé pour
subir un second interrogatoire. Le commandant se promenait dans la salle et paraissait encore plus soucieux et
plus irrité que le matin. Votre nom, me dit-il d'un ton
sec, et pesez bien vos paroles, car... et sans achever la
phrase, il m'indiqua de la main un officier prêt à écrire
ma déposition. Je touchais au moment solennel ; d'ailleurs
les charges étaient graves, mais maladroitement ima-
ginées.

D. — Vous êtes accusé et convaincu d'avoir fait tinter, dimanche matin, sous forme de tocsin, vos cloches de Gondreville et de Fontenoy à quatre heures moins vingt minutes et à six heures moins vingt minutes.

R. — Je n'entends pas depuis ma maison les cloches de Fontenoy, je ne puis en répondre. — Je serais très-étonné qu'on les eût sonnées à de telles heures. — Ma maison touche à l'église de Gondreville. J'étais éveillé à quatre heures moins vingt minutes, levé à six heures moins vingt minutes et je nie que mes cloches aient été tintées d'une manière quelconque.

D. — Vous osez nier?

R. — Oui, Monsieur, je nie; si on avait entendu les cloches à ce moment, on aurait cru à un incendie, et tout le village aurait été mis en émoi. Si vous doutez de ma parole, faites une enquête. — A ce mot, le commandant bondit de colère, fit le tour de la table en blasphémant et dit :

D. — Vous nous insultez. Voilà deux soldats qui m'affirment avoir entendu vos cloches et je ferais une enquête? Ce serait une injure à notre armée; notre parole est sacrée. — Deux soldats étaient là, jetant sur moi des regards menaçants.

R. — Si vos soldats affirment, moi je nie, et je demande une enquête. Si l'on avait sonné la nuit, sans mes ordres, je serais le premier à me plaindre.

D. — Je pense que ce n'est pas vous qui avez sonné; vous ne seriez plus; je vous aurais fait fusiller sur-le-champ. Quel est votre sonneur?

R. — C'est M. Jacquemin, instituteur.

D. — Epelez son nom.

Je prévis qu'on allait encore arrêter M. Jacquemin. Ce jour, à Nancy, le juge disait à M. l'instituteur de

Fontenoy : Votre collègue de Gondreville sera aussi enfermé.

R. — M. le commandant, je fais un appel à votre cœur, Madame Jacquemin est malade ; une émotion peut lui devenir fatale. C'est une mère de famille ; vous ne voudriez pas assumer une telle responsabilité. Contentez-vous d'interroger M. Jacquemin, c'est un homme loyal, un excellent instituteur (1).

D. — Ah ! vous êtes tous excellents en France ; excellents les curés, excellents les instituteurs, excellents vos six officiers de Dijon.

R. — Pourquoi me parlez-vous des officiers de Dijon ? vous ne nous laissez parvenir aucune nouvelle de nos armées.

D. — Est-ce que vous vous désintéressez de ce qui regarde votre patrie ?

R. — Loin de là, mais je ne suis pas ici pour répondre sur des faits que j'ignore.

D. — Sachez que dès que nous sommes dans un pays, tout ce qui se fait contre nous est un crime.

R. — Permettez-moi de ne pas souscrire à ce principe.

D. — A quelle heure vous êtes-vous éveillé dimanche ?

R. — Je vous l'ai dit ce matin, vers deux heures et demie.

D. — Pourriez-vous me donner votre parole d'honneur que vous n'avez pas même sommeillé une demi-minute depuis ce moment jusqu'à l'heure de votre lever ?

R. — Je pense ne m'être pas rendormi, mais désireux de retrouver le sommeil, et dans l'état de calme où j'étais, j'aurais pu, sans m'en douter, m'assoupir un instant. Je n'engage pas ma parole d'honneur sur des points aussi

(1) M. Jacquemin ne fut nullement inquiété.

difficiles à préciser. Je vous affirme deux choses qui doivent vous suffire :

1º Je crois ne m'être point rendormi ;

2º J'étais éveillé aux moments où vous m'accusez.

Ce fut alors une explosion de colère et d'injures. Le commandant marchait dans la salle en gesticulant avec menaces, m'appelant traître, fourbe, escobar et m'accablant de tous les mots grossiers qui traînent dans nos mauvais livres. Les officiers paraissaient déconcertés et cherchaient à l'apaiser. Il revint s'asseoir et me dit d'un ton plus calme : écoutez votre déposition. L'officier m'en donna lecture ; c'était la négation toute simple des sonneries prétendues ; elle était parfaitement rédigée je la signai et dis au commandant :

Vous ne pouvez donc articuler aucun reproche qui me concerne directement ; au nom de la justice, je vous demande de retourner dans ma paroisse. Votre sort, me répondit-il, n'est plus entre mes mains, votre destinée dépend du gouverneur. Je fus reconduit en prison.

Cependant Paris s'était rendu ; l'armistice avait été signé ; les élections étaient faites ; les autres habitants de Fontenoy détenus à Toul, avaient été renvoyés après quatorze jours d'inquiétudes et de privations ; je restais seul avec M. Bruant, maire. Nos jours se passaient tristement sans recevoir aucune nouvelle et sans entrevoir l'époque de notre délivrance. M. Voinot, vicaire général, avait bien voulu faire en ma faveur une démarche auprès du juge d'instruction prussien de Nancy, qui lui montra ma déposition et lui dit : Je crois aux affirmations de M. le curé, mais deux de nos soldats soutiennent le contraire et je ne puis leur donner tort. Il promit toutefois de saisir la première occasion qui se présenterait pour obtenir du gouverneur mon élargissement.

Le dimanche 12 février, nous touchions à la fin de notre modeste dîner quand un sergent vint frapper à notre fenêtre et nous dire : M. le curé est libre, M. le maire le sera bientôt. M. Bruant ne sortit que trois jours après.

En quittant la prison, je me rendis aux vêpres à la cathédrale. M. le curé me pria de les présider pour faire connaître ma sortie aux habitants de Toul qui s'étaient si vivement intéressés à tous les prisonniers de Fontenoy. Le soir, je rentrais à Gondreville où mes paroissiens me firent un accueil que je n'oublierai jamais.

---

## IX.

### Qu'étaient devenus les habitants de Fontenoy ?

Le lecteur peut s'imaginer quelles furent les alarmes et les douloureuses émotions des habitants de Fontenoy. A la vue de l'incendie et pendant la nuit du dimanche, ils avaient comme oublié leurs maisons, leurs récoltes, leur mobilier dévorés par les flammes ; ils ne songeaient qu'à sauver leur vie et étudiaient en tremblant le moyen de fuir leur infortuné village. On ne saura jamais ce qu'ont souffert ces innocentes victimes des plus iniques représailles.

En voulant s'échapper plusieurs étaient surpris par les postes prussiens et refoulés vers les maisons. Que cette nuit fut affreuse ! Les uns se cachaient dans les vignes,

le long des murs, épiant le moment favorable pour
s'élancer à travers les champs ; les autres se tenaient
sans lumière et sans bruit dans la maison Toussaint,
offrant une issue facile du côté de la forêt. De ces diverses
retraites ils entendaient le pétillement des flammes, les
cris de joie des Prussiens, les plaintes et les gémissements
des malheureux qu'on arrêtait et qu'on frappait. Quelques-
uns assez heureux pour gagner le bois, n'osaient plus en
sortir et y passèrent la nuit dans des craintes continuelles.
Ne pouvant plus compter sur la pitié des Prussiens, des
malades, des vieillards, profitaient de l'obscurité pour
atteindre un village voisin. M. Arnould, le plus âgé de la
commune, arriva péniblement à Sexey, soutenu ou plutôt
porté par M. Arnould, Joseph, son fils. M. Mouilleron
luttait depuis trois ans contre une incurable maladie. Il se
lève le dimanche matin à cause du tumulte. Il est entraîné,
frappé par les soldats. Avant d'arriver à la gare, il est
saisi de crachements de sang et allait tomber faible quand
il fut mis en liberté. Le soir, craignant d'être brûlé sous
son toit, il recueille ses dernières forces et s'achemine
tout chancelant vers Sexey. Mme Gigout, clouée sur son
lit depuis trois mois par la maladie, n'ose rentrer chez
elle tant elle a peur du feu et va passer la nuit dans les
vignes derrière un amas d'échalas, grelottant sous une
misérable couverture. Trévis, Edouard, au moment de sa
fuite, fut découvert par les Prussiens qui le poursuivirent
longtemps et il ne dut son salut qu'à la rapidité de sa
course et aux accidents de terrain dont il profita pour se
couvrir contre les coups de fusil. Chacun peut se représenter ce qu'eut d'émouvant et de pénible cette évasion
des habitants de Fontenoy.

Qui pourra peindre le dénûment de ces misérables
fugitifs. Ils n'étaient revêtus que des pauvres habits qu'ils

avaient mis le dimanche en se levant; plusieurs n'avaient que des sabots et personne n'osait se pourvoir mieux avant le départ. C'était le cas d'appliquer le terrible passage de l'Ecriture : « Que celui qui sera dans les champs, ne retourne point chez lui pour prendre son vêtement » Récoltes, provisions de l'année, tout était perdu. On ne put rien sauver dans les maisons incendiées le dimanche; il y eut des essais de sauvetage dans celles qui ne furent brûlées que les jours suivants. On se glissait dans ces maisons par les jardins ; on enlevait à la hâte, la literie, le linge laissés par les pillards; on les portait dans les vignes et, à la faveur de la nuit, les hommes transportaient ces tristes débris dans les villages voisins. Quelques soldats prussiens favorisèrent ce sauvetage ; d'autres se montrèrent impitoyables et M. Arnould, Clément, fut maltraité dans une de ces tentatives.

Nos infortunés habitants arrivaient donc dépouillés et complètement ruinés, n'ayant pas même un lit pour se reposer, une chaise pour s'asseoir, un morceau de pain pour le lendemain : ils arrivaient les uns malades de frayeur, les autres accablés de coups, tous brisés par les plus pénibles émotions et les plus poignantes inquiétudes pour l'avenir ; ils étaient sans ressource, sans asile et ne voyaient devant eux que la plus affreuse misère ; si laborieux, si économes, si fiers de se suffire par leur travail, ils devront manger le pain de l'aumône et se couvrir des vêtements de la charité.

Les populations des villages voisins furent à la hauteur de ce désastre et accueillirent les fugitifs avec empressement et générosité. Il y a peu de logements libres à la campagne, on sut en trouver; il fallait d'ailleurs peu de place pour ces pauvres familles, une chambre suffisait. La plupart des habitants s'étaient portés vers Velaine,

Sexey et Aingeray, la fuite était plus facile de ce côté : un grand nombre revint bientôt à Gondreville qui présentait plus de ressource pour le logement et rapprochait des terrains à cultiver. Quelques familles se retirèrent dans d'autres villages où des parents leur offraient un asile.

Fontenoy était abandonné ; les Prussiens chantaient au milieu des ruines, montaient à la tour et sonnaient nos cloches pour célébrer leur beau triomphe.

Nos habiles et prudents ennemis ne pouvant laisser longtemps la ligne du chemin de fer interceptée, firent rapidement travailler au rétablissement du pont détruit ; tous les villages voisins furent appelés, sous les menaces les plus sévères. Il fut alors permis de retourner à Fontenoy, où l'on voyait les malheureux habitants fouiller les débris entassés dans les caves et chercher les pommes de terre que les flammes et les Prussiens auraient épargnés. On se rappelle encore à Nancy les mesures vexatoires que prirent les Prussiens pour se procurer des ouvriers. Ils en réclamèrent 500 ; ils ne se présentèrent pas. Les Allemands interdirent toute espèce de travail dans les ateliers et les usines sous peine d'une amende de 5,000 francs ; les ouvriers ne vinrent pas. Le préfet Renard communiqua alors à M. le maire le document suivant  qui fut placardé sur les murs de la ville :

« Si demain à midi, 500 ouvriers des chantiers ne se trouvent pas à la gare, les surveillants d'abord, certain nombre d'ouvriers ensuite seront fusillés sur place.

« Nancy, le 25 janvier 1871.

[« Le Préfet, S. Renard. »

Alors quelques ouvriers se présentèrent à la gare, mais le préfet ne fut content ni du nombre ni de la qualité des bras qui se mettaient à sa disposition.

Le vendredi 26 janvier, le maire de Nancy reçut encore du préfet prussien la lettre suivante :

« Nancy, 26 janvier 1871.

« Monsieur le Maire,

« La mairie ayant envoyé à Fontenoy pour les travaux de la reconstruction du pont sauté des vieillards, des malades et des enfants, je l'invite à envoyer demain, à 7 heures, à la gare du chemin de fer 150 ouvriers capables.

» En cas de refus, je serais forcé de faire saisir des individus valides, habitants de Nancy, sans prendre garde à leur position sociale et de les faire conduire à Fontenoy.

« Recevez, M. le Maire...

» Le Préfet, S. RENARD. »

« Cette razzia d'hommes fut exécutée entre midi et une » heure sur la place Stanislas, pendant que la musique » militaire allemande faisait entendre ses concerts les plus » mélodieux. Les Prussiens ramassèrent ainsi 150 à 200 » individus de tout âge et de tout costume, depuis les » élèves du Lycée et de simples gamins jusqu'à des » hommes graves, en paletot et d'un âge très-mur, le » plus grand nombre toutefois appartenait à la classe » ouvrière. — Ces derniers détails sont empruntés au » Journal de M. Lacroix pendant l'invasion en 1870- » 1871. »

Nancy s'indignait à juste titre, les villages voisins de Fontenoy étaient plus maltraités encore ; toutes les voitures étaient requises pour suppléer la partie de la ligne interceptée et faire le transbordement de Toul à Fontenoy ; les officiers prussiens étaient d'une dureté, d'une exigence insupportables ; et M. Gillet, maire de Gondreville fut indignement frappé parce qu'il ne pouvait sur-le-champ faire face à leurs incessantes réquisitions.

Les deux arches écroulées furent comblées par un terrassement et, après un travail opiniâtre, les trains purent franchir de nouveau la Moselle, le onzième jour après l'explosion du pont. Ce retard laisse entrevoir les difficultés qu'aurait pu créer à l'armée allemande la destruction de ce pont, si elle avait eu lieu plutôt. M. Rambeaux prouve que si ce coup de main ne fut point exécuté au mois de novembre 1870, il ne faut pas en accuser sa vaillante troupe.

# DEUXIÈME PARTIE.

—

# RESTAURATION DE FONTENOY

—

## I.

### Les Premiers Secours.

———

Le malheur qui frappe l'innocent excite toujours une profonde sympathie : aussi le désastre de Fontenoy souleva de tous côtés une bienfaisante compassion. Des secours nous arrivèrent de la Suisse, de la Belgique, de l'Angleterre, de l'Amérique. En France, le patriotisme s'unissait à la charité, et, sous l'inspiration de ces deux sentiments, chacun semblait oublier les sacrifices imposés par la guerre, et donnait d'une main généreuse. Puissent ces actes admirables de nos concitoyens monter vers le Ciel comme une prière en faveur de notre patrie !

Fontenoy détruit nous a montré ce que peuvent la haine, la cruauté, une coupable vengeance: Fontenoy rebâti nous fera admirer ce que peuvent la charité et le patriotisme.

Aux habitants des villages voisins notre première reconnaissance. Non contents d'abriter les fugitifs, ils parta-
gèrent leur table avec eux, et surent adoucir l'amertume
des premiers jours. A Gondreville, le bureau de bienfai-
sance fit une distribution de pain. Toul envoya des
vêtements et d'autres secours. A Nancy, les familles les
plus charitables s'intéressaient à nos malheureux; des
offrandes étaient déposées à l'Evêché, d'autres étaient
recueillies par Mmes O'Gormann et de Scitivaux. Mme de
Scitivaux visita Velaine, Sexey, Chaligny, soulageant
les ménages réfugiés dans ces localités. Mme de Bonfils
nous apporta le produit d'une quête faite à Pont-Saint-
Vincent. Villey-le-Sec nous envoya des vêtements, et
Laxou une somme considérable.

M. Silvain, chanoine titulaire et M. Pierre, aumônier
à Ludres, autrefois curés à Gondreville, MM. les anciens
vicaires en leur nom et au nom de leurs paroisses, nous
firent parvenir des sommes qui témoignent de leur atta-
chement à leurs anciens paroissiens.

Le 18 janvier, M. l'abbé Antoine se rendit à Nancy.
M. Velche, maire, lui promit d'ouvrir une souscription,
et déposait quelques jours après, à l'Evêché, une somme
de 2,000 francs. Ce ne fut pas le dernier témoignage de
générosité que nous donna le conseil municipal de Nancy.

Ce mouvement admirable en faveur de Fontenoy se
développait. M. Curé, de Nancy, mit un tableau à la
loterie. A sa demande je lui adressai onze familles qui
reçurent chacune 50 francs. M. le chanoine Régnier, au
nom de deux prêtres, nous versa 200 francs comme
première offrande, car M. Régnier ne cessa de porter le
plus vif intérêt à nos incendiés et à notre église.

Avec ces offrandes nous pouvions aider à vivre pendant
quelque temps. L'essentiel était de mettre de l'ordre dans

la répartition et de l'établir sur la base la plus équitable. Une liste des familles fut dressée avec le chiffre de ses membres, et à chacune d'elles était assignée une quantité de pain en harmonie avec ses besoins: ce travail fut fait de concert avec MM. les curés de Velaine et de Sexey. Les personnes plus éloignées reçurent des secours dans la même proportion. Notre trésor semblait-il s'épuiser, nous faisions un appel qui toujours fut couronné de succès. Souvent la Providence sut y pourvoir d'une manière inattendue.

Au commencement de mars, M. l'abbé Antoine parcourut quelques villages situés entre Haroué et Mirecourt, et fut parfaitement accueilli. Au nom de Fontenoy, les cœurs étaient émus et les mains s'ouvraient avec empressement.

Haroué, Affracourt, Xirocourt, Bouzanville, Grimonviller se distinguèrent par leurs collectes.

Le 8 mars, s'arrêtait devant ma maison une voiture chargée de vêtements: C'était un envoi de la société de secours aux paysans des Quakers, M. Samuel Caffer, délégué, avait été reçu quelques jours auparavant par Monseigneur l'évêque de Nancy qui le pria de faire une large part à Fontenoy. M. Caffer et Miss Jackson qui l'accompagnait, me firent mille questions sur nos incendiés. J'allai avec eux à Fontenoy. Les habitants travaillaient aux vignes, ils s'empressèrent de descendre au village. Nos bienveillants visiteurs, touchés de leur misère, remirent à M. Bruant, maire, 1,000 francs pour les semailles du printemps, et me promirent 1,000 francs pour la reconstruction. L'année suivante je reçus M. Lake, de Londres, et Miss Jackson qui parcouraient, au nom de la société, les localités secourues. Ils furent surpris de la rapidité avec laquelle Fontenoy était sorti de ses ruines, et comme preuve de sympathie, me demandèrent de les tenir au courant de ce qui intéressait notre village.

Les vêtements apportés étaient déposés chez les religieuses de Gondreville. L'une de leurs salles fut transformée en vestiaire permanent, ou pour mieux dire, devint un ouvroir: c'est là que l'on réparait, quand ce travail était nécessaire; c'est là que se faisaient les distributions. A chaque partage nous tenions une note exacte des objets remis. Les Anglais nous félicitèrent de ce mode de répartition.

Le 29 avril, Monseigneur l'Evêque donnait la confirmation à Gondreville. Sa Grandeur voulut, après midi, se rendre à Fontenoy pour consoler et encourager les malheureux parents des enfants qu'Elle avait bénis le matin. A cette nouvelle, tous les habitants s'étaient réunis et attendaient à l'entrée de leurs ruines. Monseigneur traversa à pied le village, adressant à tous une bonne parole, visita les malades et se dirigea vers l'église qui devint trop étroite pour contenir les personnes accourues des villages voisins. Sa Grandeur adressa une touchante et paternelle allocution et laissa 500 fr. comme gage de son dévoûment à Fontenoy.

Les visites de nos bienfaiteurs se succédaient. M. Démole, délégué du Comité de Genève, vint à Fontenoy et à Gondreville, versa une somme pour les familles les plus indigentes et nous expédia quatre caisses de vêtements. Il fut d'une sollicitude persévérante à l'égard de nos incendiés. M. le Maire et moi nous reçûmes, par son entremise, plus de 3,000 francs. Au moment où M. Démole réglait les comptes du Comité, il m'adressa le télégramme suivant: Encore quatre noms de Fontenoy par le télégraphe », et quatre de nos pauvres familles bénéficièrent des dernières ressources du Comité de Genève.

La charité inspirait les plus ingénieuses pensées.
M. Thomas de Saint-Clément nous adressa 2 harasses
contenant plus de 800 pièces de faïence qui transformè-
rent les tables de Fontenoy, la moitié des ménages
n'avaient pas revu d'assiettes depuis l'incendie. Cette
distribution fut une des plus originales. Nous l'avons dit ;
à chaque partage était dressé un tableau fidèle de tous les
objets, celui-ci était d'un pittoresque parfait. Je reçus par
M. le curé de Saint-Clément d'autres dons qui témoignent
du bon vouloir de ce charitable village.

Mlle Maria Jacquot travaillait pour nous avec des
dames de Nancy et les jeunes personnes qu'elle préparait
aux examens. Elle nous fit plusieurs envois de vêtements.
Elle devint quêteuse pour Fontenoy et n'eut point de
repos qu'elle n'eût offert une paire de draps à chaque
famille.

M. le comte de Lambel m'invita à faire passer à son
château une voiture qui revint chargée des objets les
plus utiles à un ménage et les plus capables de réjouir
un intérieur. Mme Poirel, de Rosières, fut également
bien inspirée. Plusieurs personnes de Nancy, l'Hôtel de
l'Est, firent aussi parvenir des chaises, des vêtements et
autres objets dont nous sûmes toujours tirer un bon
parti.

Quelques meubles devenaient indispensables dans ces
ménages renaissants, et, tout modeste que dut en être
le choix, nous nous trouvions encore en face d'une
dépense considérable. La charité y pourvut. Vandières
nous envoya 330 fr. ; M. le Maire et M. le Curé avaient
fait ensemble une collecte dans ce village : cette entente
produisit partout les plus heureux résultats ; Villey-St-
Etienne nous envoya 412 francs dont 200 de Mme
Thibaut ; Ecrouves, 83 francs ; Sexey, 63 ; Sommerviller,

326 ; Crévic, 281 dont 100 de Mme Saunier de Faber ;
Hudiviller, 87 ; Deuxville, 72 ; Hénaménil, 71 ; Raville,
77, Gondreville souscrivit pour 450 fr. Nous recevions en
même temps 50 fr. des RR. PP. Jésuites de Nancy, 100 fr.
des RR. PP. de la Chartreuse de Grenoble, 200 francs
de Son Eminence le cardinal de Bordeaux. Les jardiniers
de Saint-Jacques de Lunéville quêtèrent pour nous au
jour de leur fête. Une confrérie de Barbonville suivit ce
bel exemple.

Plusieurs voyageurs saisis d'indignation à la vue des
ruines de Fontenoy, remettaient, en passant, leur offrande
au chef de gare. D'autres personnes m'adressaient des
lettres chargées qui souvent n'étaient pas signées. Que
de pages édifiantes j'ai sous les yeux, où éclatent les
plus beaux sentiments du patriotisme et de la foi.

On nous écrivait de Lunéville ou des environs :

Monsieur le Curé,

J'ai vu dans les journaux que vous vous chargiez de
distribuer des secours aux habitants de Fontenoy. Je
vous envoie 100 fr. que je vous prie de donner à celles
des malheureuses victimes qui en ont un besoin immédiat
ou qui ne peuvent attendre les secours que la Chambre
va sans doute leur voter. Je me recommande à vos
prières.

*Un chrétien.*

Fontenoy est un village agricole : les habitants tra-
vaillent à la vigne et surtout dans les champs. On
approchait des semailles du printemps, et tout le grain
avait été brûlé. Cette situation menaçante pour l'avenir

éveilla la bienveillante attention des hommes intelligents qui s'occupent de l'agriculture. J'ai relaté les 1,000 francs versés dans ce but par la Société des quakers. M. Sépulcre, de Bouxières-aux-Chênes me fit parvenir 200 francs au nom d'une famille de Liége (Belgique). M. Grandeau, président de la Société de Nancy, avança des semences qui devaient être rendues après la récolte. L'écart du prix fut considérable, ce déficit fut couvert par la Société et par M. de Scitivaux. Aux semailles d'automne, M. Grandeau avança également du blé : les cultivateurs ne devaient en représenter que la moitié : encore le prix de cette partie fut reversé dans le trésor ouvert à tous les habitants. Nous ne saurions trop remercier M. Grandeau et ses collaborateurs de la part qu'ils accordèrent à nos incendiés et du dévouement qu'ils leur portèrent dans ces jours de détresse.

Avant même que les Prussiens n'aient quitté Fontenoy, plusieurs familles y revinrent. Elles s'entassaient dans les rares maisons conservées. On éleva quelques baraques en planches ; on utilisa la moindre parcelle de toit qui n'était pas incendiée. Au-delà des maisons, auprès du jardin se trouvaient çà et là une chambre à four, une petite écurie, un hangard non atteints par les flammes : avec quelques planches on improvisa des corps de logis. C'était pauvre, incommode au-delà de toute expression, mais on était chez soi, non loin de son champ et de sa vigne. Ces revenants, car ils en avaient l'air, pour aboutir à la rue, traversaient les ruines du principal bâtiment, passaient le long des murs calcinés, étayés de toutes parts, et apparaissaient comme des fantômes sortant de ces amas de décombres. A la fin de mai, trente ménages étaient installés au milieu de ces débris.

La veille des Rameaux, la clef de l'église, que les Prussiens avaient conservée jusqu'alors, nous fut remise, et le lendemain la première messe fut chantée. Les habitants de Fontenoy, apprenant cette bonne nouvelle, se rendirent à leur pauvre église. C'est là qu'ils se retrouvèrent pour la première fois, en face de leur autel mutilé, dépouillé. Le sanctuaire, par son délabrement répondait parfaitement à l'indigence de tous. Bien des larmes coulèrent pendant l'office, et cependant on sortit avec l'espérance que le village renaîtrait bientôt de ses cendres.

Malgré le dénûment de la sacristie, nous ne pensions a rien demander pour l'église avant que les maisons ne fussent relevées. Des personnes pieuses prévinrent nos désirs et ne voulurent point attendre pour rendre à nos autels leur dignité. Mme Collot, de Toul, Mmes Guérin, Vesque, Fischer, Ricard, Hulot, Duval, la plupart des maisons religieuses de Nancy, l'Evêché par plusieurs dons, ornèrent notre chapelle dévastée. Des linges sacrés de Mgr Darboy et portant les initiales de son nom, nous furent envoyés. Quel douloureux rapprochement entre la mort du vénérable archevêque martyr et les ruines de notre village ! M. Michaud, directeur de la cristallerie de Baccarat s'offrit avec une grâce charmante à remplacer le lustre détruit par les Prussiens. La statue de saint Laurent, notre patron, s'était brisée en tombant de son piédestal ; une autre statue plus belle y remontait bientôt grâce à la pieuse générosité de M. l'abbé Régnier. D'autres donateurs nous aidèrent dans les réparations les plus urgentes, celle du tabernacle, etc. Des offrandes, dans ce but, nous arrivaient des points les plus éloignés. Je me plais à citer un négociant de Lille, M. Dubois-Legendre, une mère de famille de la Dordogne, voulant remercier le Ciel de la conservation de son fils longtemps exposé durant la guerre. M. Beaulieu, ingénieur à Frouard, au nom de la Société, remit 400 francs pour les pauvres, à M. le maire, et à moi 100 francs pour l'église. « Nous aimons, nous dit-il, à secourir les pauvres, mais nous rendons hommage à l'Eglise pour le bien qu'elle sait leur faire. »

---

## II.

### Comité de Reconstruction.

La nourriture, le vêtement, c'est la charité qui les avait donnés : il fallait rebâtir, c'est aussi la charité qui donnera l'impulsion. Sans doute Fontenoy devait recevoir de l'Etat une indemnité, mais, cette indemnité, il fallait l'attendre presque un an et, avant ce terme, de grands travaux pouvaient être exécutés. Cette pensée fut comprise, et des hommes dévoués organisèrent un comité de reconstruction ainsi composé : M. Volland père, président; M. Duvaux, professeur, secrétaire ; M. Collin, notaire, trésorier; MM. Humbert, architecte, Gérard, propriétaire à Gondreville, Collin, membre du conseil général, Bataille, de Foug, Manginot, adjoint au maire de Toul, membres du conseil d'arrondissement. Invité par ces messieurs, je fus heureux de leur apporter mon modeste concours dans l'intérêt de mes paroissiens. Le patriotisme avait inspiré dès le début un projet magnifique, c'était de conserver les ruines comme un monument de l'injustice

et de la barbarie de nos ennemis, et comme un souvenir
capable d'entretenir dans les cœurs le désir d'une noble
vengeance. Dans ce cas, on aurait rebâti le village à
quelque distance : les habitants devaient alors faire
cession de leurs maisons, sous la condition de retrouver
l'équivalent dans les constructions nouvelles. Presque
tous y consentirent. Cependant des observations furent
faites sur les inconvénients qu'amènerait le transport
du village. Il fallait l'éloigner de la Moselle et le manque
d'eau était à craindre ; il fallait acheter un nouvel emplas.
cement ; il fallait rompre les souvenirs du vieux foyer
domestique ; d'ailleurs il restait après l'incendie des pans
de muraille dont on pouvait tirer parti ; les caves, les
puits étaient creusés ; on réalisait une économie considérable à rebâtir sur les anciennes fondations. Ces puissantes
raisons firent abandonner le premier projet, incontesta-
blement le plus beau au point de vue patriotique, et il
fut décidé qu'on relèverait simplement les maisons
incendiées, en corrigeant ce qu'il y avait de trop défec-
tueux dans l'ensemble.

Le comité fit faire une estimation de la valeur des
immeubles avant l'incendie, de la somme nécessaire à la
reconstruction et, avec ces données, répartit ses secours
en tenant compte de la fortune de chacun : moins
une famille avait de ressources, plus forte était l'alloca-
tion.

Un second comité se forma à Toul, afin d'agir plus
efficacement sur l'arrondissement et de recueillir dans la
ville les riches offrandes que faisait espérer une souscription ouverte par M. Trévis. Les membres de ce Comité
étaient : MM. Manginot, président, Dubois, notaire,
trésorier, Blocq, banquier, Dieu, commissaire-priseur,
Dolot, capitaine des pompiers, Mansuy, curé de la

cathédrale, Naquart Louis, docteur, Pierson, curé de Saint-Gengoult, Rampont, avoué, de Tinseau, avocat, Viller, notaire. Les deux Comités se réunirent trois fois à Fontenoy pour fixer de concert la somme à allouer à chaque famille. La somme votée ne devait être versée qu'à mesure que les travaux de construction s'exécuteraient et je fus chargé d'y veiller : j'inscrivais sur un registre l'objet de chaque dépense, l'argent versé pour la couvrir, et je faisais signer le propriétaire et l'ouvrier qui recevaient cette somme : ainsi rien ne pouvait être détourné du but que nous poursuivions. Nous étions loin de pouvoir tout payer, mais nos avances donnaient du crédit, rassuraient les ouvriers et les excitaient à travailler. Ces dispositions eurent les plus heureux résultats et chacun s'empressa de rebâtir. Pendant l'été 1871, Fontenoy présentait le spectacle le plus animé : plus de cent ouvriers étaient occupés ; les rues étaient sans cesse encombrées de voitures conduisant les matériaux; le chemin de fer amenait à prix réduit les planches, les tuiles, les pierres de taille. Les cultivateurs de Sexey, Velaine, Aingeray, Villey-le-Sec, surtout ceux de Gondreville firent gratuitement des voyages pour une somme considérable : c'était pour eux le moyen le plus facile de travailler efficacement à la reconstruction.

M. Dolot nous expédia au nom de la Société Civet deux wagons de pierres de Lérouville, la maison Grosdidier, de Commercy envoya des pointes, M. Antoine du Montet, plusieurs milliers de briques percées et les entrepreneurs de Nancy, des objets de démolition qui pouvaient encore être employés. Les marchands de bois eurent des égards pour nos incendiés. Tout favorisait notre œuvre, et pour l'hiver les deux tiers des maisons étaient couvertes. Les sommes reçues par le comité dépassaient toute attente.

M. le Préfet avait autorisé les communes à voter un
secours. Des quêtes étaient faites dans un grand nombre
d'églises et dans les chapelles des établissements; des
journaux avaient ouvert une souscription dans leurs
colonnes. M. Claude, maire de Celles, me promit d'in-
téresser son Conseil municipal à notre œuvre et m'annonçait bientôt que 200 francs étaient à notre disposition;
cet exemple fut suivi par quelques communes de la Meuse.
Plusieurs comités pour les victimes de la guerre contri-
buèrent largement à la reconstruction : M. le maire reçut
d'un comité de Geispolsheim (Alsace), 850 francs, de
Bayonne, 500 ; de San-Francisco (Californie), 750. Je
reçus par l'entremise de l'Evéché, de Vienne, 200 francs;
de Wasselonne, 140 francs ; de Carcassonne, 300 francs ;
Mme de Scitivaux versa 2,000 francs au nom d'un comité
central de Paris. M. le comte de Chambord me fit remettre
500 francs. Le comité de secours français de Genève,
envoya 800 francs par la préfecture. M. Sonette inspec-
teur d'Académie à Laon, ouvrit dans les collèges et les
écoles primaires du département de l'Aisne une souscription qui produisit : écoles primaires, 3,077 fr.: écoles
normales, 11 fr.; collèges 284 fr. Le comité de Philadelphie
remit par le général Changarnier, 2,500 francs. Le
société de la Croix-Blanche de Hollande, par M. de
Carcy, 2,000 fr., etc.

Mme Thiers était présidente de l'Œuvre de la souscription nationale du sou des chaumières. Je lui recommandai
six de nos plus modestes maisons : une somme nous fut
aussitôt promise, mais elle ne paraissait pas suffisante
pour la restauration complète. Mme de Montesquiou qui
fut pour Fontenoy d'un dévouement inépuisable, m'enga-
gea à présenter de nouveaux devis et une nouvelle
supplique qu'elle voulut adresser elle-même à Mme Thiers

et nos six chaumières reçurent 5,628 francs. Pour ajouter aux ressources de l'œuvre, les membres du comité déployaient le plus grand zèle, écrivaient au loin et multipliaient leurs démarches. Après une première répartition de 42,000 francs, au mois d'octobre, dans la seconde réunion de ces deux comités, on fit une autre distribution de 10,000 francs.

## III.

### Difficultés de l'Hiver 1871-1872.

Nous voyions approcher l'hiver avec les plus vives appréhensions. Les maisons étaient à peine couvertes ; rien n'était organisé dans l'intérieur. A quels dangers on allait s'exposer en entrant dans ces constructions nouvelles ? On était à peine vêtu ; on manquait des objets les plus nécessaires ; les récoltes avaient été mauvaises ; toutes les économies avaient disparu pour faire face aux réparations ; les deuils, les malades se multipliaient, conséquences inévitables de tant de privations et d'émotions si pénibles.

M. Louvion était mort à Emberménil chez sa fille qui l'avait recueilli. M. Lorrain à Lagney chez ses parents qui lui avaient donné l'hospitalité, M. Arnould J.-B. père à l'hôpital Saint-Julien où des personnes charitables l'avaient fait placer ; M. Maillard père succombait à Fontenoy dans une écurie dont il avait fait un logement provisoire ; Lartillot Victor s'éteignait à Sexey, à la fleur de l'âge ; que d'autres malades réclamaient des soins délicats !

4

Michel Ernest, père de famille longtemps retenu sur son lit, les enfant Lamy incapables de travailler pendant plusieurs mois; la famille Lartillot tant éprouvée à Dommartin. Que d'autres je pourrais encore citer !

La détresse et la misère grandissaient de tous côtés. Les bienfaiteurs se multiplièrent. Mme Jalabert, Mlle Débonnaire de Gif, de Marbache, Mmes de Baine, de Pompey, Mme de Villatte, de Grenoble, Mme la baronne de Ravinel, de Besançon, nous firent alors parvenir de précieux secours en argent et en vêtements. L'hôpital de Saint-Nicolas nous envoya 155 francs. Château-Salins, 230; Tincry, 90; Delme, 60; M. Elie-Lestre, de Nancy, 200; Mme Apechie, née Naquard, de Toul, vint elle-même faire une distribution au nom d'un comité de Bordeaux.

Malgré ce concours, il nous était impossible de traverser l'hiver sans imposer de cruelles privations à nos malheureux habitants.

Je fis part de nos inquiétudes à M. Trouillet, curé de Saint-Epvre, qui me remit 500 francs et m'offrit une quête dans son église. Monseigneur l'autorisa avec empressement et me témoigna le regret de ne pouvoir lui-même présider cet office. La ville de Nancy s'était montrée admirable envers Fontenoy. Nous eûmes la pensée d'y conduire une partie de la population, pour remercier nos bienfaiteurs. L'administration du chemin de fer mit à notre disposition quarante places gratuites aller et retour. D'autres habitants partirent à pied. Et le jour de la Dédicace, à la messe de onze heures et demie, eut lieu à l'église Saint-Epvre, la plus touchante manifestation en faveur de notre pauvre village. Tous les journaux de Nancy avaient annoncé la réunion et la quête, avec la plus grande bienveillance. Mme de Montesquiou et Mme la vicomtesse de Jeanville voulurent bien quêter.

Les habitants de Fontenoy étaient rangés devant le chœur sur deux lignes ; aux victimes la place d'honneur. Puis venaient M. le préfet, M. le maire de Nancy, M. Mengin, adjoint, M. Elie-Baille, président du tribunal de commerce et autres notabilités. Les vastes nefs se remplissaient, comme par enchantement, d'une foule sympathique, et la presse fut telle que les courageuses quêteuses ne purent parcourir tous les rangs. A la vue de nos malheureux, l'émotion gagnait tous les assistants. Je devais monter en chaire, et je crus que le chemin le plus direct pour aller à ces cœurs si bien disposés, c'était de redire simplement le triste état où nous nous trouvions encore, et je prononçai l'allocution suivante, qui est le tableau fidèle de la situation de Fontenoy, à l'entrée de l'hiver.

« MES CHERS FRÈRES,

« Cette imposante réunion ne laisse aucun doute sur vos sympathies pour Fontenoy et vos charitables dispositions envers ses infortunés habitants. Vous savez tous comment ce village fut pillé et livré aux flammes. L'incendie dura quatre jours ; 51 maisons n'étaient plus qu'une ruine ; le mobilier qu'avait épargné le soldat fut détruit par le feu ; les récoltes et toutes les provisions furent anéanties ; les habitants qu'on put saisir furent jetés en prison..... Quel déchirant spectacle s'offrit à mes yeux le 23 janvier, le matin, lorsque j'allais, sous les menaces et les injures, chercher le Saint-Sacrement dans mon église désolée ! Les femmes et les enfants se sauvaient, en pleurant, à travers les champs couverts de neige et se réfugiaient dans les villages voisins. Ils y trouvèrent l'hospitalité, mais ils étaient tous sans pain,

sans ressources et presque sans vêtements. C'est là que
vinrent les soulager les généreuses offrandes de Nancy.
Je suis heureux d'exprimer, au nom de tous, notre profonde reconnaissance à Mgr l'évêque qui visita nos ruines,
releva notre courage par ses consolantes paroles et nous
laissa un gage touchant de sa charité, à Monsieur le
maire, à Messieurs les membres du Conseil municipal de
cette ville et aux honorables familles qui furent pour
nous la main de la Providence dans cette affreuse
détresse. Nous n'oublierons aucun de nos bienfaiteurs.
Nous avons aussi reçu de personnes charitables et de
divers comités des vêtements et du linge; quand ces
envois étaient partagés entre 220, chacun restait encore
pauvre.

Un comité se constitua pour la reconstruction du village.
Jusqu'à ce jour il a recueilli 52,000 francs. Sous son
impulsion les travaux de réparation marchent avec
activité ; 40 maisons vont être couvertes, 35 ont reçu des
secours du comité qui favorise les familles indigentes.
Cette somme, réunie dans des temps si difficiles, fait
l'éloge des membres du comité et prouve les sympathies
de tous pour cette Œuvre patriotique. Elle est insuffisante
pour relever 51 maisons, et plusieurs habitants dont la
maison est déjà couverte, ne peuvent, faute de ressource,
s'y préparer un logement convenable. Ils attendent, il est
vrai, l'indemnité du gouvernement ; grâce au dévouement
de M. le préfet, nos malheurs sont appréciés par l'illustre
chef de l'Etat et nous sommes assurés du bienveillant
concours du Conseil général. Quelle que soit cette
première indemnité, elle ne dépassera pas les frais de
grosses réparations.

» Voici l'hiver. Entrez dans ces nouvelles maisons :
dans un coin de la chambre, aux murs humides, vous

verrez sur le plancher une paillasse et une couverture,
état pénible de plusieurs qui n'étaient pas les plus pauvres avant le désastre. Pour tenter la reconstruction, ils
ont sacrifié les économies dé l'été ; ils ont ébréché même
la récolte, d'ailleurs très-mauvaise, et je connais des
familles vivant autrefois avec facilité, qui se résignent à
ne manger que du pain d'orge.

Presque tous ont été visités par la maladie, consé-
quence inévitable des traitements subis, des frayeurs et
des déchirantes émotions des premiers jours. Que de
victimes à Fontenoy ! Depuis cette femme paralysée, qui
fut brûlée dans son lit, malgré les cris et les efforts de
ses enfants ; depuis ce vieillard qui s'en allait pleurant,
appuyé sur son bâton et qui tomba frappé d'une balle
tirée à bout portant. Vous citerai-je son frère, qui se
mourait, il y a quelques semaines, épuisé de privations,
dans une écurie, son dernier refuge. O mon Dieu,
épargnez désormais ces scènes émouvantes à mon cœur
sacerdotal. Naguère encore, une jeune mère de famille
tombait malade dans une chambre froide et délabrée. Il
fallait emprunter un fourneau et je me hâtais d'acheter
un peu de bois ; une autre femme brisée par l'âge souffre
depuis un mois dans un hangar ouvert de toutes parts.
Que d'autres détails également tristes je pourrais ajouter.

» Telle est notre situation. Les plus heureux vont
entrer dans des maisons qui ne sont pas terminées ; chez
un grand nombre il n'y a pas de mobilier et beaucoup se
demandent avec anxiété : où prendrons-nous le pain de
nos enfants pendant l'hiver !

Mes chers paroissiens, ne désespérons pas dans cette
longue et douloureuse épreuve. Nous sommes environnés
de l'élite de la société de Nancy ; les cœurs les plus
charitables sont à nous et sur cet orgue des artistes

éminents applaudissent à leur générosité. Habitants de Fontenoy, que vous êtes loin de ces jours où vous étiez conduits dans les prisons de Toul et de Nancy, avec des traitements que stigmatisera l'histoire ; que je suis loin moi-même de la première démarche que je fis pour vous; espérant arrêter l'incendie, j'allais implorer la pitié de ceux qui l'avaient allumé ; confiance présomptueuse qui m'ouvrit les portes de la prison.

Aujourd'hui, mes frères, pour la première fois je fais appel du haut de la chaire aux âmes généreuses et compatissantes, je suis heureux de le faire à Saint-Epvre sous le patronage de M. le curé et dans cette église où tout proclame votre esprit de foi et de charité. »

Après la messe, une table de cinquante couverts, préparée par les soins de M. le curé de Saint-Epvre, attendait nos paroissiens ravis. La quête, quoique inachevée, fut abondante. Elle avait été à l'office, de 1,923 francs. Et les jours suivants elle s'augmenta encore. Il y eut à Nancy comme un nouvel élan de sympathie et de générosité. Plusieurs loteries furent tirées, jusque dans les cafés, et allèrent grossir les ressources du comité. M. Trouillet adressa le compte rendu de notre réunion au R. P. Dortmans, de Dublin. Ce capucin charitable l'inséra dans un journal d'Irlande, et ouvrit une souscription qui nous rapporta 650 francs. Il m'en envoya la liste que je conserve dans nos édifiantes archives.

A ce moment, le Conseil général s'occupait de la répartition de l'indemnité de l'Etat. Il préleva pour Fontenoy une somme de cent mille francs. M. de Montesquiou nous apporta lui-même cette bonne nouvelle. Inutile de dire la joie et la reconnaissance de nos habitants. Jusqu'alors les enfants de Fontenoy avaient fréquenté les écoles de Gondreville. M. le Préfet choisit un local où l'on ferait provisoirement la classe. Il n'y avait pas de logement pour l'instituteur. Le conseil municipal demanda le jeune Muller, sorti de l'Ecole normale et enfant de Fontenoy. M. Muller habita la maison de son père, à peine restaurée, et pendant deux ans donna les soins les plus dévoués aux enfants du village.

Cet hiver dans lequel nous étions entrés inquiets, se passait d'une manière inattendue. Mme de Montesquiou envoya des couvertures ; Mme de Scitivaux des lits et des matelas. La ville de Nancy fit cession de vingt-cinq fourneaux dont les Prussiens s'étaient servis. Mmes Riston, Henriot, Rolland de Malleloy apportèrent le produit d'une messe en musique. M. Godfring, secrétaire de la Faculté, vendait, à notre profit, plusieurs pièces de vers, et nous remit de fort belles sommes à différentes reprises.

Au nouvel an, nous nous étions concertés avec M. le maire pour offrir des étrennes à nos administrés, et l'année commença pour eux sous un jour rassurant. Quelque temps après, Mme la comtesse de Fontenoy, vint elle-même distribuer une somme de mille francs, recueillie au Brésil ; et le 2 février, je recevais une lettre de M. le comte de Paris, m'annonçant que la comtesse disposait de deux mille francs en notre faveur. Avec ces secours, l'intérieur des ménages se transformait peu à peu et nous voyions chaque jour, avec bonheur, s'effacer les traces de l'extrême misère que nous avions tant redoutée.

# IV

## Derniers Travaux de Reconstruction.

L'œuvre de la reconstruction n'avait presque pas été interrompue pendant l'hiver, tant on avait hâte de mettre fin à ce pénible exil. L'indemnité de l'Etat permit de donner aux travaux une activité nouvelle. Un second versement de 52,000 francs était venu s'ajouter aux 100,000 francs votés, avant partage, par le Conseil général. Le comité fit une troisième et dernière répartition et dédommagea quelques locataires, signalés comme dignes d'intérêt. Les deux comités réunis, avaient versé la somme de 66,000 francs. M. le maire et moi, nous avions distribué 12,000 francs environ en secours temporaires. Ces derniers chiffres disent assez la part de la charité publique, dans la reconstruction de Fontenoy. En additionnant ces sommes, les lecteurs croiront peut-être que les habitants se sont enrichis par le désastre. Ce serait une illusion, car les pertes dépassaient le chiffre de trois cent mille francs. Pour être exact, je l'avouerai, le déficit qui reste encore, est surtout supporté par les familles les plus à l'aise. Les domestiques de Nancy s'étaient cotisées pour offrir à Fontenoy l'obole du pauvre. M. de Carcy recueillit ces précieuses offrandes, et pour perpétuer le souvenir de cette générosité si touchante, on s'était proposé d'élever une fontaine; le terrain ne s'y prêtant point, cette souscription servit à doter notre village d'une belle pompe à incendie sur laquelle sont gravés ces mots :

Donnée à Fontenoy
Par les domestiques de Nancy.

A la fin de 1872, il ne restait plus à rebâtir que deux
maisons. J'eus la pensée de faire bénir solennellement
notre village, et de convier à cette fête patriotique nos
bienfaiteurs. Les habitants se réjouissaient de ce qu'ils
appelaient déjà la fête de Fontenoy, et s'apprêtaient à
témoigner d'une manière éclatante à nos autorités et aux
personnes qui les avaient secourus, leur vive et sincère
reconnaissance. Monseigneur approuvait ce projet, et
avait déjà provisoirement fixé le jour de la cérémonie.
Tout nous faisait espérer un magnifique concours. L'administration civile s'en effraya et me conseilla d'attendre le
départ des Prussiens qui pourraient se froisser de cette
manifestation. Je dus différer, mais avec un profond
regret. Les mêmes craintes firent encore retarder cette
cérémonie en 1872, et nous appelons, de tous nos vœux,
le jour où nous pourrons réaliser ce pieux dessein, et
célébrer cette fête impatiemment attendue par les habitants
de Fontenoy.

Au jour de cette bénédiction, je pensais faire une
quête pour notre église encore pauvre et dépouillée, et,
avec le produit, lui donner quelques ornements et surtout
un modeste Chemin de Croix, qui resterait pour nos
paroissiens un souvenir vivant de tant de bienfaits, et
une source de consolation après leurs cruelles épreuves.

Parmi les actes de vandalisme commis, en Lorraine, par les Prussiens, il n'y a pas à signaler seulement le pillage et l'incendie de Fontenoy. Située, comme ce village, sur les bords de la Moselle, la petite ville de Charmes a été, dès le mois d'octobre 1870, le théâtre des plus odieux attentats. Le récit qu'en a écrit, jour par jour, M. Jules Renauld, ancien juge de paix de ce canton, sera sans doute lu avec intérêt par tous ceux qui recueillent les documents de notre histoire locale, ou qui retraçant un jour, dans tous ses détails, la guerre de 1870-71, voudront faire connaître les procédés de l'envahisseur allemand, au milieu de nos populations inoffensives et désarmées.

(Note de l'éditeur.)

# L'Invasion Allemande

A

## CHARMES-SUR-MOSELLE (VOSGES)

### EN 1870

Noble pays, trop tard de ton rêve éveillé,
Tes villes par le sang et par le vin rougies,
Gardent encore la trace et l'odeur des orgies.....
Ce qu'ils n'ont pas détruit, ces gloutons l'ont souillé.

Au grand art du pillage appliquant la science,
Ils ont rongé ta moëlle et pompé ta substance :
Ils se disent soldats, mais ce . ont d s voleurs.

FOURNEL.

———

En retraçant l'histoire de Charmes-sur-Moselle , au commencement de l'année 1870 (1) , nous aimions à constater que cette ville annonçait le calme et l'aisance ;

1. *Charmes-sur-Moselle,* notice historique et archéologique d'après des documents originaux inédits — par Jules Renauld, avocat, juge suppléant au tribunal de Nancy — un vol. grand in-8° orné de cinq planches chromo-lithographieés, *ouvrage couronné par la Société d'Emulation des Vosges* — Nancy, 1871, Husson-Lemoine et Lucien Wiener, libraires-éditeurs.

mais quelques semaines après que ces lignes étaient écrites, un voile de deuil et de fumée couvrait la petite cité vosgienne.

Sans rappeler comment la France, au milieu d'une prospérité apparente, a été engagée dans une guerre insensée dont elle ne devait sortir qu'après avoir été ravagée, ruinée et mutilée, nous constaterons brièvement par des dates, les événements douloureux dont Charmes a été le théâtre au début de l'invasion allemande, alors que Guillaume avait fait afficher sur nos murs : « qu'il faisait la guerre à la dynastie des Bonaparte et non pas à la Nation Française, qui devait compter sur les plus grands ménagements. »

(Proclamation affichée le 15 août 1870 sur les murs de Nancy, *Annuaire de Meurthe-et-Moselle* 1871-1872, pages 25 et 26.)

Ces souvenirs appartiennent désormais à l'histoire, s'ils sont amers, qu'ils restent du moins comme un sujet de honte pour ces rapaces et prudents vainqueurs !

Dans une ville ouverte, au milieu d'une population désarmée et inoffensive, ils ont pratiqué le vol, le pillage, l'incendie et l'assassinat. Passés maîtres dans l'usage du pétrole et le système des ôtages, ils se sont livrés à des actes d'une cruauté froide et lucrative dont l'histoire moderne n'offre pas d'exemple !

---

*6 Août 1870.* — La guerre vient d'être déclarée, les transports de troupes encombrent les trains attardés du chemin de fer. Un orage a interrompu les communications électriques, et vers cinq heures du soir le train descendant de Châtel vient heurter près de Langley le train parti de Charmes. Au nombre de onze, dont trois sont morts depuis, les blessés reçoivent les premiers soins dans des maisons particulières de la ville.

*15 Août.* — Deux uhlans se présentent à la mairie à huit heures du soir ; ils somment le maire de les suivre près de leur chef. M. Mariotte père, premier adjoint, accompagné des docteurs Cosserat et Mathieu se rendent au bout du pont. Là un officier prussien exige d'eux l'assurance que le pont n'est pas miné, puis les obligeant à marcher devant lui, il s'avance suivi d'un détachement de cavaliers et traverse la ville, sans autre incident, en se dirigeant vers Socourt.

*16, 17 et 18 Août.* — Le lendemain de cette reconnaissance, un escadron de soixante cavaliers se met en ligne sur la place de l'Hôtel-de-Ville ; pendant ce temps deux officiers se rendent chez les comptables des deniers publics et font enlever le tabac et les cigares trouvés dans les bureaux de tabac de la régie ; des réquisitions importantes en pain, viande sur pied et fourrages sont imposées à la ville sous menace de pillage, et toutes ces prestations réunies aux halles et à la mairie sont enlevées dans la nuit du 17 août. Le 18 au matin, un corps de six mille hommes de cavalerie et des batteries d'artillerie arrivent par les routes de Saint-Germain et de Ramber-villers ; trois mille ne font que passer et se dirigent sur Mirecourt ; huit cents sont logés chez les habitants, le surplus se répand dans les communes environnantes et le 19 à 7 heures du matin ces troupes effectuent leur départ, en prenant la route de Mirecourt.

Tout le mois de septembre se passa dans l'attente des événements ; on se communiquait des nouvelles souvent contradictoires et toujours trompeuses qui permettaient encore quelques espérances, quelques illusions. Un petit corps de gardes-nationaux fut organisé, mais on ne tarda pas à comprendre que toute résistance opposée par quelques hommes mal armés, étrangers pour la plupart au métier de la guerre serait sans utilité pour le pays et attirerait sur la ville de terribles représailles.

*12-14, 17 et 20 octobre 1870.* — Quelques gardes mobiles restés à Charmes venaient de se retirer sur Mirecourt, où on avait expédié les anciens fusils des gardes nationaux, lorsque cinq cents Prussiens, précédés par un détachement de cavalerie, entrèrent dans Charmes, le 12 octobre à quatre heures du soir, par la route de Nancy. Ces troupes s'installèrent, sans billet de logement, chez les habitants des rues principales ; des postes d'observation furent établis immédiatement ; l'issue de toutes les rues et ruelles fut gardée et des patrouilles, constamment en mouvement, firent des rondes de jour et de nuit. Le lendemain la population fut invitée, à son de caisse, à faire, sous peine de cinq cents francs d'amende, le dépôt à la mairie des armes de guerre et de chasse ; les attroupements de trois personnes étaient prohibés, et déjà la poste prussienne s'installait et organisait le service du télégraphe pour les communications de l'ennemi.

Au milieu de ces précautions, les soldats ne cessaient de répéter d'un air inquiet : *franc tireur ici* ! et bien que chacun essayât, à son foyer, de les dissuader, ils ne mangeaient, qu'avec le fusil entre les jambes et couchaient dans la même chambre, au nombre de quatre hommes dont l'un faisait le guet, ayant une chandelle allumée toute la nuit.

*Le 14 octobre* des prisonniers français conduits par une

escorte prussienne arrivèrent à Charmes, dans la soirée.
Un d'eux parvint à s'échapper, en se sauvant par la rue
du Pont ; des coups de fusils partirent de l'escorte ; ce fut
alors un déploiement de forces extraordinaire : le rappel
est battu, les soldats arrivent en foule et tirent des coups
de fusil de tous côtés, les officiers jettent des cris
d'alarme ; on donne l'ordre d'ouvrir tous les volets et
d'éclairer toutes les fenêtres. Dans la Grand'Rue un
soldat frappait à coups redoublés contre une boutique
fermée ; Oscar Mariotte qui se tenait sur la porte de sa
pharmacie, traverse la rue et appelle son voisin Arthur
Masson, en l'engageant à ouvrir et à éclairer. Aussitôt
il reçoit un coup de bayonnette d'un des hommes de la
patrouille et comme en se plaignant de cette brutalité, il
cherchait à gagner sa demeure, les Prussiens l'empoignent
sur l'ordre de leur chef et l'un d'eux le frappe d'un
second coup de bayonnette qui lui perce la poitrine.
Repoussé jusqu'à l'angle de l'hôtel de ville où il s'affaissa,
il fut traîné sanglant, les genoux déchirés et les vêtements souillés de boue, dans la salle des archives, où il
ne tarda pas à expirer. Sa jeune femme n'eut pas même
la consolation de le voir une dernière fois. Marié depuis
peu, il laissait un enfant de cinq mois.

Dans la rue du Pont, une balle, ayant fait ricochet,
atteignit, légèrement, un hussard au poignet. Interrogé
par ses chefs il assura, paraît-il, qu'on avait tiré sur lui
de l'intérieur d'une maison. Un autre soldat prussien
prétendit qu'un coup de feu était parti au bas de la rue
Liégeois, de la maison de Jules Barbier. Ce dernier était
atteint de la goutte et n'avait pas quitté sa femme et
son fils ; néamoins il est arraché de son domicile et
traîné prisonnier à la mairie ; dans le trajet il est lâchement frappé de plusieurs coups de sabre bien qu'il fût

dans l'impossibilité d'opposer aucune résistance. Près du cadavre de Mariotte se trouvaient déjà deux autres victimes de la cruauté prussienne ; sous prétexte que deux mobiles s'étaient évadés des halles où ils avaient été déposés, les ennemis avaient appréhendé sans explication deux habitants inoffensifs, Nicolas Marandel, ancien appariteur et Thiriet, menuisier, tous deux âgés de plus de soixante ans ; enfin le nouveau maire M. Claude et deux membres du conseil municipal étaient gardés à vue.

Pour augmenter l'intimidation, les Prussiens, à partir de minuit, braquèrent un canon sur la place de l'Hôtel-de-Ville. D'autres arrestations furent opérées à la naissance du jour. Ce fut d'abord le percepteur Paul Bailly ; séquestré avec menace d'être fusillé sur place ; heureusement il put échapper à ses bourreaux.

Le 15 à 8 heures du matin, Barbier, Marandel, Thiriet et les autres prisonniers furent emmenés à Nancy et de là en Prusse. Marandel est mort pendant sa captivité. Barbier et Thiriet ne sont revenus que depuis le traité de paix. A dix heures, on publie de nouveau l'ordre de tenir constamment ouvertes les portes, nuit et jour et d'éclairer toutes les fenêtres jusqu'à neuf heures et demie du soir et de déposer, sous peine de mille francs d'amende, les armes de toute espèce.

Dans l'après-midi on bat la générale, les troupes réunies sur la place doivent assister à la démolition de la maison Barbier et à l'inhumation d'Oscar Mariotte. Il était interdit aux habitants d'accompagner la victime, dont le père et le frère purent seuls suivre le convoi jusqu'au cimetière occupé militairement. Au même moment des forcenés procédaient au pillage et à la démolition de la maison Barbier ; quelques meubles furent distraits pour être vendus au profit des soldats, les autres furent brisés pour servir plus tard d'aliment à l'incendie.

*Le Dimanche 16*, M. Groscolas, agent d'assurance, est arrêté pour être ensuite dirigé sur Nancy, d'où il n'est revenu que le 20 novembre. Le même jour, le maire, M. Claude, MM. Rémoville, Pierret et Royer sequestrés depuis l'avant-veille sont remis en liberté, à la condition qu'on laissera en permanence à l'hôtel de ville un nombre déterminé de conseillers municipaux qui ne pouvaient se rendre chez eux qu'escortés de soldats, l'arme au poing.

*Le Lundi 17*, les habitants sont informés « qu'ils » doivent sur le champ dénoncer et livrer au commandant » prussien les auteurs des (prétendus) coups de feu tirés » rue du Pont et rue Liégeois, sinon que dans une demi- » heure, il sera procédé à l'incendie de cinq maisons ; » une amende de cent mille francs est en outre imposée » à la ville et devra être versée au plus tard, le jeudi 20, » entre les mains du commandant, sous peine de pillage » général de toute la ville. » — A la garantie du paiement de cette rançon MM. Claude, maire ; Léon Marchal, notaire, second adjoint, et Rémoville conseiller muni- cipal, tous trois désignés comme ôtages, sont consignés à l'hôtel de ville, pour être ensuite emprisonnés à Nancy.

A dix heures du matin tambours et clairons sonnent la générale pour mettre à exécution les menaces d'incendie. Au même instant, le maire, l'adjoint et le conseiller municipal sont placés sur des charrettes, entre deux gendarmes pistolet au poing, et le cortége quitte Charmes suivi de quarante cavaliers.

La maison Barbier pillée la veille était désignée parmi celles qui devaient être livrées aux flammes. Il était plus difficile de prétexter le choix des quatre autres. On savait

seulement que l'incendie devait avoir lieu dans la rue
du Pont. Les officiers paraissaient signaler certaines
maisons du côté gauche ; les habitants de ces maisons
essayèrent de déménager ; puis on se dirigea vers la
droite. Les habitations sacrifiées furent celle que l'abbé
Fourcault venait de faire réparer pour prendre, sous peu,
sa retraite au pays natal et la maison Viot occupée par
des gens avancés en âge, notoirement connus pour les
plus inoffensifs de la ville. Il en fallait deux autres : on
désigna le Casino ou cercle de Charmes et la maison
Dieudonné ; ces deux maisons, séparées par une cour,
appartenaient au même propriétaire. Le bâtiment du
Cercle était occupé, au second étage, par une pauvre
vieille fille, Marguerite Pierrefite, que M. Dieudonné
logeait par chárité. — Cette malheureuse est morte de
frayeur. Le premier étage que nous avons habité de 1866
à 1869 avait été depuis notre départ, transformé par
le propriétaire en un dépôt de fleurs et de plantes
rares, et l'officier prussien, après avoir parcouru les
trois salles principales, daigna verser quelques larmes
de crocodile en s'écriant: oh pauvres fleurs, pauvres
fleurs ! — Puis on démonta portes, fenêtres et volets
pour être déposés au rez-de-chaussée où déjà on avait
obligé, à coups de crosse, les voisins et même des
enfants, un collégien le jeune Pauly, à amonceler des
fagots. Sur le tout le pétrole fut répandu en abondance
et l'officier qui présidait à cette triste exécution eut la
lâcheté d'exiger une boîte d'allumettes de madame
Dieudonné elle-même, et la jeune mère abîmée de
douleur fut contrainte de livrer le feu destiné à incendier
la maison qui avait vu naître ses enfants !

Une pluie fine commençait à tomber ; le vent soufflait
avec violence et chacun tremblait que la ville entière
devint la proie des flammes.

Au lieu de gagner Nancy directement, le triste cortége des ôtages avait pris la route de Vézelise — il arriva, vers midi, au sommet de le côte de Gripport ; l'officier prussien ordonna une halte, et avec un rire infernal il montra à ses trois victimes la ville de Charmes, du sein de laquelle s'élevaient des tourbillons de flammes et de fumée. On comprend mais on ne décrit pas les tortures morales subies, à ce spectacle, par le maire de Charmes et ses compagnons d'infortune. Quel sort était réservé à leurs mères, leurs femmes, leurs enfants, au milieu du foyer qu'ils avaient sous les yeux ! Depuis longtemps on a écrit des volumes sur les misères de la guerre, mais à quelle époque a-t-on rencontré ce raffinement de cruauté froide, ce génie du mal dont l'agent prussien fut, ce jour, l'exécrable expression (1).

Le mercredi 19 octobre, l'ennemi avait atteint son but : la rançon de cent mille francs fut versée à l'hôtel de la Poste, chez M. Victor François par M. Petit, premier adjoint (2), et les ôtages furent rendus à la liberté le jeudi 20.

A partir de ce moment la pauvre petite cité reprit son calme ; mais ce fut le calme silencieux de la stupeur interrompu par le bruit du sabre traînant sur le pavé sonore, les cris aigus et rauques des sentinelles qui se relèvent, et par les parades et les fanfares que se donnent les vainqueurs !

1. Cet officier prenant la qualification de Juge d'instruction, laisse les plus odieux souvenirs dans nos contrées. C'est lui qui a été chargé de mettre le feu à la maison Franiatte de Flavigny et au malheureux village de Fontenoy.

2. Le montant total des déprédations commises par les Prussiens dans le canton de Charmes s'élève à 441,302 fr. 57 c. (Document officiel. — *Journal de la Meurthe*, 1er juin 1872·)

Et cependant tout n'était pas fini encore. Quelques semaines après ces sombres journées, un système odieux de persécutions fut impitoyablement organisé.

Dès qu'ils prirent l'exploitation du chemin de fer, les officiers prussiens, sous prétexte d'assurer les transports dans un pays dont ils étaient maîtres, trouvèrent original de faire monter, tour à tour, les notabilités de la commune en tête de chaque convoi. L'habitant requis était placé à découvert sur la locomotive même, exposé à toutes les rigueurs de la saison.

Après ses autres deuils, la ville de Charmes pleure, aujourd'hui son ancien maire, M. Charles Luxer, mort à la suite d'un de ces voyages homicides.

# TABLE

## PREMIÈRE PARTIE

### INCENDIE DE FONTENOY.

## DEUXIÈME PARTIE

—

### RESTAURATION DE FONTENOY.

# TROISIÈME PARTIE

—

Nancy, Imp. de G. CRÉPIN-LEBLOND.

FIDELITE · LES CŒVRS · CHARME

www.ingramcontent.com/pod-product-compliance
Lightning Source LLC
Chambersburg PA
CBHW052054270326
41931CB00012B/2754